DROIT DE L'INTÉGRATION AFRICAINE

Organisations communautaires en Afrique de l'Ouest, rapports entre les organisations sous-régionales, l'Union africaine et l'Organisation des Nations unies, défis prioritaires de l'intégration en Afrique

Dr KÉMOKO DIAKITÉ

DROIT DE L'INTÉGRATION AFRICAINE

Organisations communautaires en Afrique de l'Ouest, rapports entre les organisations sous-régionales, l'Union africaine et l'Organisation des Nations unies, défis prioritaires de l'intégration en Afrique

Préface du Pr Abdoulaye Sakho

L'Harmattan

5-7, rue de l'École-Polytechnique ; 75 005 Paris

http://www.librairieharmattan.com
harmattan1@wanadoo.fr

ISBN : 978-2-343-10024-1
EAN : 9782343100241

Listes des sigles et abréviations

AG : Assemblée générale de l'Organisation des Nations unies

ADRAO : Association pour le développement de la riziculture en Afrique de l'Ouest

ALPC : Armes légères et de petit calibre

ASEAN : Association des États de l'Asie du Sud-Est

BAD : Banque Africaine de Développement

BCEAO : Banque Centrale des États de l'Afrique de l'Ouest

BOAD : Banque ouest-africaine de développement

BCA : Banque centrale africaine

CAA : Conseil africain de l'arachide

CAJDH : Cour africaine de justice, des droits de l'homme

CCJA : Cour commune de justice et d'arbitrage

CEBV : Communauté Économique du Bétail et de la Viande

CICR : Comité international de la Croix-Rouge

CER : Communauté économique régionale

CEMAC : Communauté Économique et Monétaire de l'Afrique Centrale

CARIC : Capacité africaine de réponse immédiate aux crises

CSSDCA : Conférence sur la sécurité, la stabilité, le développement et la coopération en Afrique

CMS : Conseil de médiation et de sécurité de la CEDEAO

CCEG : Conférence des chefs d'État et de gouvernement

CNPE : Comité national de politique économique

CDJS : Centre de Développement de la Jeunesse et du Sport

COREP : Comité des représentants permanents

COMESA : Marché Commun des États d'Afrique Australe et de l'Est

CEDEAO : Communauté Économique des États de l'Afrique de l'Ouest

CIJ : Cour internationale de justice de La Haye

CJUEMOA : Cour de justice de l'UEMOA

CJCEDEAO : Cour de justice de la CEDEAO

CJCE : Cour de justice de la Communauté européenne

CPI : Cour pénale internationale

CPS : Conseil de paix et de sécurité de l'Union africaine

CS : Conseil de sécurité de l'Organisation des Nations unies

DDR : Désarmement, Démobilisation, Réinsertion

ECOMOG : Ecowas Monitoring Group ou Groupe du cessez-le-feu de la CEDEAO

ERSUMA : École régionale supérieure de la Magistrature

IDE : Investissements directs étrangers

IGAD : Autorité intergouvernementale pour le Développement

IMAO : Institut Monétaire de l'Afrique de l'Ouest

FAA : Force africaine en attente

FMA : Fonds monétaire africain

HATC : Comité africain de haut niveau sur le Commerce

LBC/FT : Lutte contre le blanchiment des capitaux et le financement du terrorisme

LMD : Licence-Master-Doctorat

MAEP : Mécanisme africain d'évaluation par les pairs

MINUL : Mission des Nations unies au Liberia

MONUL : Mission d'Observation des Nations unies au Liberia

NEPAD : Nouveau partenariat pour le développement de l'Afrique

OCA : Organisation communautaire africaine

OCI : Organisation de la Coopération islamique

OHADA : Organisation pour l'harmonisation du droit des affaires en Afrique

OIF : Organisation internationale de la Francophonie

OMP : Opération de maintien de la paix

OMVG : Organisation pour la mise en valeur du fleuve Gambie

OMVS : Organisation pour la mise en valeur du fleuve Sénégal

ONG : Organisation non gouvernementale

ONU : Organisation des Nations unies

OUA : Organisation de l'unité africaine

OSR : Organisations Sous-régionales

OTAN : Organisation du Traité de l'Atlantique Nord

PLANELM : Élément de Planification

PCJ : Postes de contrôle juxtaposés

PC : Prélèvement communautaire

PCD : Programme de développement communautaire de la CEDEAO

PED : Pays en développement

PER : Programme économique régional

PMA : Pays moins avancés

SG : Secrétaire général

SADC : Communauté sud-africaine de développement (Southern African Development Community)

SADCBRIG : Brigade de la communauté sud-africaine de développement

TEC : Tarif extérieur commun

TPIR : Tribunal pénal international pour le Rwanda

TSSL : Tribunal spécial pour la Sierra Leone

TFTA : Traité de libre-échange tripartite

UA : Union africaine

UEMOA : Union Économique et Monétaire Ouest-Africaine (UEMOA)

UMA : Union du Maghreb arabe

UE : Union européenne

WPP : West African Power Pool

ZLE : Zone de libre-échange

ZLEC : Zone de libre-échange continental

PRÉFACE

Cette production intellectuelle du Dr Kémoko Diakité portant sur le Droit de l'intégration africaine : Organisations communautaires en Afrique de l'Ouest, rapports entre les organisations sous-régionales, l'Union africaine et l'Organisation des Nations unies, défis prioritaires de l'intégration en Afrique*, est le fruit de plusieurs années d'études et de recherches sur la matière. Elle se veut une contribution aux recherches sur les organisations d'intégration en Afrique, notamment la Communauté des États de l'Afrique de l'Ouest (CEDEAO), l'Union Économique et Monétaire Ouest-Africaine (UEMOA), l'Organisation pour l'Harmonisation en Afrique du Droit des Affaires (OHADA) et l'Union africaine (UA).*

Dans la première partie, l'auteur aborde la structure des organisations d'intégration en tenant compte des nouveautés ainsi que les règles du droit communautaire matériel africain. Il met l'accent sur le régime juridique des actes (droit originaire et droit dérivé, l'applicabilité de leurs normes dans l'ordre juridique interne des États membres), les relations entre les organisations sous régionales, l'Union africaine (UA) et l'Organisation des Nations unies (ONU), les implications de la réforme financière de l'Union africaine, etc.

Tout en saluant les avancées dans la libre circulation des personnes, des biens et des services, les résultats notables dans la réalisation de l'Union économique, monétaire, du Marché commun, de l'harmonisation du droit des affaires ainsi que le bilan mitigé de l'architecture africaine de paix et de sécurité, l'auteur fait part des faiblesses notées dans le cadre de l'intégration africaine.

Ensuite, dans un souci d'amélioration des processus d'intégration en Afrique, M. Diakité a émis plusieurs propositions sur la libre circulation des personnes et des biens, les stratégies d'intégration des organisations internationales africaines, la rationalisation des organisations internationales africaines, ainsi que la prise en considération des nouveaux défis. En ce sens, l'auteur propose de mettre l'accent sur dix défis prioritaires dans les organisations internationales africaines, à savoir le défi du renforcement des moyens financiers des organisations sous-régionales et de l'Union africaine, le défi de la paix, de la sécurité et de la promotion de la culture démocratique, le défi de la bonne gouvernance et du renforcement de l'agriculture et de l'industrie, le défi d'une plus grande solidarité dans la lutte contre le terrorisme, le défi du renforcement du commerce interafricain, le défi de la jeunesse et du renforcement de la citoyenneté communautaire, le défi de la mutualisation des forces pour le développement de l'énergie, les défis environnementaux, le défi de l'accélération de la création d'une monnaie commune et de l'intégration en Afrique de l'Ouest et le défi du transport aérien et ferroviaire.

C'est dire combien cet ouvrage peut être utile à l'heure où certains des paramètres de la construction des grands ensembles font débat en Afrique : monnaie commune, identité africaine partagée...

En tout état de cause, au-delà du matériau de base que contient cet ouvrage, Kémoko Diakité nous fournit des éléments pour mieux comprendre le réel africain de ce début de siècle en donnant un aperçu général sur les organisations d'intégration en Afrique et en offrant une analyse actualisée.

Pour toutes ces raisons, les étudiants, les chercheurs et les praticiens de toutes disciplines confondues pourront y trouver leur compte.

Abdoulaye SAKHO
Agrégé de faculté de droit, CRES/UCAD.

INTRODUCTION

Depuis les années 1960, les États africains ont attaché une attention particulière à l'intégration. L'intégration signifie le rassemblement, l'union ou la fusion de plusieurs parties en un tout. Elle est fondée sur le principe de solidarité et de subsidiarité[1].

Depuis lors, de nombreuses organisations ont été créées. La plupart d'entre elles ont disparu. Ces regroupements à caractère politique et économique peuvent concerner le continent tout entier (UA), soit une région, soit une sous-région et même quelques régions. Les trois organisations (CEDEAO, UEMOA et OHADA) vont faire l'objet de cette

---

[1] Le principe de subsidiarité est fondamental pour le fonctionnement des organisations d'intégration et plus précisément pour la prise de décision. Il permet notamment de déterminer quand l'organisation d'intégration est compétente pour légiférer, et contribue à ce que les décisions soient prises le plus près possible des citoyens. Il vise à déterminer le niveau d'intervention le plus pertinent dans les domaines de compétences partagées entre les organisations d'intégration et les États membres. Il peut s'agir d'une action à l'échelon africain, national ou local. Dans tous les cas, l'organisation d'intégration ne peut intervenir que si elle est en mesure d'agir plus efficacement que les États membres. Dans le cadre de l'UE, il est consacré par l'article 5 du Traité sur l'UE. Il figure aux côtés de deux autres principes eux aussi considérés comme essentiels à la prise de décision : les principes d'attribution et de proportionnalité. Ainsi, l'Union ne pourra agir dans un domaine politique que si cette action fait partie des compétences conférées à l'UE par les traités (principe d'attribution). Dans le cadre des compétences partagées avec les États membres, l'échelon communautaire est parfois le plus pertinent pour atteindre les objectifs fixés par les traités (principe de subsidiarité). Le contenu et la forme de l'action n'excèdent pas ce qui est nécessaire pour atteindre les objectifs fixés par les traités (principe de proportionnalité).

étude. Elles sont les plus importantes dans l'espace de l'Afrique de l'Ouest. Les deux premières sont des organisations à but politique et économique (CEDEAO et UEMOA) et la troisième (OHADA), qui est composée des huit (8) pays de l'UEMOA, vise une intégration juridique. Cette dernière est une organisation qui va au-delà de la zone ouest-africaine.

La CEDEAO (Communauté des États de l'Afrique de l'Ouest) a été créée en 1975 à Lagos et le traité fondateur a été révisé le 24 juillet 1993. Elle regroupe aujourd'hui quinze (15) États que sont le Bénin, le Burkina Faso, le Cap-Vert, la Côte d'Ivoire, la Gambie, le Ghana, la Guinée, la Guinée-Bissau, le Liberia, le Mali, le Niger, le Nigéria, le Sénégal, la Sierra Leone et le Togo. Lors de la 51e Session ordinaire de la CEDEAO tenue le 4 juin 2017 à Monrovia, l'accord de principe pour l'adhésion du Maroc a été donné. Il a été également accordé le statut d'observateur à la Tunisie et demandé à la Mauritanie, qui s'était retirée en 2000, de présenter une requête de réadmission.

L'UEMOA (Union Économique et Monétaire Ouest-Africaine) a été créée le 10 janvier 1994. Elle regroupe huit (8) États que sont le Bénin, le Burkina Faso, la Côte d'Ivoire, la Guinée-Bissau, le Mali, le Niger, le Sénégal et le Togo.

Enfin, l'OHADA (Organisation pour l'Harmonisation en Afrique du Droit des Affaires), créée le 17 octobre 1993 à Port-Louis à l'île Maurice, et révisée au Québec (Canada) le 17 octobre 2008, regroupe le Bénin, le Burkina Faso, le Cameroun, la Centrafrique, les Comores, le Congo, la Côte d'Ivoire, la Guinée Équatoriale, la Guinée, le Gabon, la Guinée-Bissau, l'île Maurice, le Mali, le Niger, le Sénégal, le Togo et le Tchad.

Les trois (3) traités (OHADA, UEMOA, CEDEAO) partagent la particularité de donner une forte impulsion au processus d'intégration en vue d'améliorer et de renforcer la compétitivité ainsi que la croissance économique des pays africains. Si l'OHADA a pour objet l'intégration juridique, l'UEMOA et la CEDEAO visent une union économique et monétaire.

Au total, l'UEMOA, la CEDEAO et l'OHADA sont des organisations d'intégration au service du développement de l'Afrique. Elles ne procèdent cependant pas d'une même démarche. Une analyse des trois (3) traités fait apparaître que le droit a subi des mutations tant du point de vue de la forme, de ses actes, ainsi que de son régime juridique. Si dans l'OHADA et l'UEMOA, les actes ont un régime juridique semblable, il en est autrement des actes de la CEDEAO.

La constitution de ces organismes d'intégration se justifie à plus d'un titre. Avec nos micros États, les États africains ont réalisé que sur le continent, il y a des pays longtemps exploités disposant de ressources naturelles énormes, longtemps divisés et qui, pour accéder à un niveau de vie convenable, doivent conjuguer leurs efforts dans le cadre de l'intégration. L'Union européenne, l'ASEAN, le MERCOSUR et l'ALENA montrent que même les grands États ont besoin de s'unir pour assurer à leurs peuples une prospérité durable. La mondialisation ne laisse aujourd'hui à aucun État la latitude de se complaire dans l'isolationnisme. La constitution de ces blocs étant une nécessité, les États parties en créant l'OHADA, l'UEMOA et la CEDEAO ont pu exprimer leur philosophie, en adoptant des régimes juridiques appropriés.

Ces trois organisations que sont la CEDEAO, l'UEMOA et l'OHADA ont été choisies en raison de leur degré d'intégration et de leur dynamisme. Elles ne sont pas les seules et coexistent avec d'autres dont le Conseil de l'Entente, l'OMVS, l'OMVG et l'Union du fleuve Mano. La mise en place de leurs organes, leurs droits originaires, leurs droits dérivés, l'applicabilité de leurs normes dans l'ordre juridique interne des États membres, leurs interactions avec l'Organisation des Nations unies (ONU) et l'Union africaine (UA), notamment dans le domaine de la paix et de la sécurité internationales, seront les principaux points abordés dans la première partie. Des développements importants seront également consacrés à l'organisation continentale l'Union africaine (UA), en particulier les innovations institutionnelles à savoir le Mécanisme africain d'évaluation par les pairs (MAEP) et la Cour Africaine de Justice et des Droits de l'Homme (CAJDH). La deuxième partie sera consacrée aux acquis, faiblesses et défis prioritaires de l'intégration en Afrique. L'approche n'est cependant pas que descriptive. Plusieurs propositions sont émises pour améliorer les processus d'intégration en Afrique.

PREMIÈRE PARTIE

CARTOGRAPHIE DES PRINCIPALES ORGANISATIONS D'INTÉGRATION EN AFRIQUE DE L'OUEST

CHAPITRE 1

LES NORMES DES ORGANISATIONS D'INTÉGRATION EN AFRIQUE DE L'OUEST

SECTION 1 : LES NORMES

Parler des normes dans les traités de la CEDEAO, de l'UEMOA et de l'OHADA, c'est examiner principalement le droit originaire (I) ensuite le droit dérivé (II).

Paragraphe 1 : Le droit originaire ou primaire

Le droit originaire est défini comme les Traités constitutifs. Il constitue le droit constitutionnel des OCA. Elles se caractérisent par leur multiplicité et leur diversité.

A- Le Traité de la CEDEAO et autres protocoles

La CEDEAO, qui avait été créée le 28 mai 1975, dont l'objectif principal était l'intégration économique, a dû faire face à de nouveaux défis (paix, sécurité, démocratie et bonne gouvernance). C'est pourquoi un nouveau traité, signé en 1993, a été substitué à celui de 1975[2] et ses multiples protocoles. Ce Traité révisé constitue le droit originaire ainsi que les nombreux protocoles, dont ceux de 2001 sur la démocratie et la bonne gouvernance et les protocoles sur la libre circulation, le droit de résidence et d'établissement de 1979, 1986 et 1990 de la CEDEAO, etc. Sur le plan des stratégies d'intégration (art. 3), il vise à

---

[2] Le nouveau Traité de la CEDEAO adopté en 1993 institue une organisation d'intégration alors que le Traité de 1975 n'instituait qu'un organisme de coopération.

mettre en place une union douanière et une union économique. L'union douanière s'opère par l'élimination progressive des barrières douanières, la libéralisation totale du commerce, aussi bien pour les produits du cru que des produits industriels, ainsi que l'établissement du tarif extérieur commun (TEC).

Quant à la réalisation de l'union économique et monétaire, elle devait s'opérer 5 ans après l'établissement de l'union douanière. Il s'agissait d'adopter des politiques communes dans le domaine socio-économique, de supprimer toutes les entraves à la libre circulation des biens, des capitaux et des personnes, et enfin d'harmoniser les politiques.

B- Le Traité de l'UEMOA

Le Traité de l'UEMOA a été adopté le 10 janvier 1994 à Dakar. Entré en vigueur le 8 août 1994, il vise la mise en place d'une union économique et douanière à partir du franc CFA. Selon l'article 4 du Traité, l'Union poursuit la réalisation des objectifs suivants :

a- renforcer la compétitivité des activités économiques et financières des États membres dans le cadre d'un marché ouvert et concurrentiel et d'un environnement juridique rationalisé et harmonisé ;

b- assurer la convergence des performances et des politiques économiques des États membres par l'institution d'une procédure de surveillance multilatérale ;

c- créer entre les États un marché commun ;

d- instituer une coordination des politiques sectorielles nationales par la mise en œuvre d'actions communes ;

e- harmoniser les législations des États membres et particulièrement le régime de la fiscalité.

En plus du Traité de 1994, qui est le document fondateur de l'UEMOA, le droit originaire comprend également de nombreux protocoles additionnels et des autres traités de 2003 portant création du Parlement.

C- Le Traité de l'OHADA

Ce Traité a été signé le 17 octobre 1993 à Port-Louis en Île Maurice et révisé au Québec le 17 octobre 2008. Il est ouvert à tout membre de l'UA et même à tout État non membre. Le domaine géographique dépasse donc les frontières de la zone Franc. L'objectif essentiel était de favoriser le retour des investisseurs en Afrique, et ceci en s'efforçant d'améliorer la sécurité juridique des affaires. L'incertitude juridique et judiciaire a nécessité la création de l'OHADA. C'est pourquoi les États parties ont créé cette organisation par l'adoption d'actes uniformes, par la mise en place d'un dispositif visant à assurer un règlement efficace des litiges et une formation de haut niveau pour les magistrats et auxiliaires de la justice.

En conclusion, ces trois (3) traités vont dans le sens de la supranationalité. Qu'en est-il de leur droit dérivé ?

Paragraphe 2 : Le droit dérivé

Ce sont les actes unilatéraux pris par les organes des communautés régionales. Les formes d'actes de droit dérivé se manifestent autour du règlement, de la directive, de la décision, des recommandations et des avis.

A- Les décisions, actes additionnels, règlements, directives, avis et recommandations de la CEDEAO

L'article 9 du Traité de la CEDEAO dispose que les actes de la Conférence sont dénommés « décisions ». Ces décisions sont prises par les chefs d'État et de gouvernement. Elles peuvent être individuelles ou réglementaires. Ces décisions sont adoptées par consensus[3].

Des actes additionnels peuvent également être pris dans le cadre de la CEDEAO. On peut citer, à titre d'exemple, l'Acte additionnel A/S/A.2/01/10 portant transactions électroniques dans l'espace CEDEAO, qui a été adopté le 16 février 2010.

En plus des décisions, il y a les règlements (art. 12 du Traité) qui sont établis par le Conseil des ministres. Dans la CEDEAO, le règlement n'a pas cette portée immédiate et directe, car il est publié par la Commission trente (30) jours après sa signature, et exécutoire soixante (60) jours après sa date de publication dans le journal de la Communauté (art. 9, al. 5, 6 et 7 et art. 12). Ils sont adoptés par consensus. Le Conseil des ministres peut, en outre, prendre des directives et des recommandations.

B- Les actes uniformes et les règlements de l'OHADA

Le droit dérivé de l'OHADA est constitué principalement de ce qu'on appelle « actes uniformes » et d'autres, les « actes unilatéraux ». Dans l'OHADA, la norme juridique prend la forme de ce que le Traité appelle « Acte uniforme » (article 1 du Traité). L'article 5 du Traité OHADA dispose que les actes uniformes peuvent inclure des dispositions d'incrimination pénale. Les États s'engagent à déterminer les sanctions pénales en cours.

S'agissant de la procédure, les textes sont préparés par le Secrétariat permanent, en concertation avec les gouvernements. Ils sont ensuite adoptés par le Conseil des ministres après avis de la Cour commune de justice et

---

[3] Le consensus se définit comme un système de décision sans vote où le silence général témoigne de l'absence d'objection de la part des États.

d'arbitrage (CCJA). Le projet est adopté à l'unanimité par les représentants des États votants. Mais il est possible d'adopter le texte si 2/3 des États sont représentés. L'abstention ne fait pas obstacle à l'adoption. Les actes uniformes entrent en vigueur quatre-vingt-dix (90) jours après leur adoption et deviennent opposables un (1) mois après leur publication au *Journal officiel* de l'OHADA.

En plus des actes uniformes, il y a principalement les règlements dans le Traité OHADA[4].

Les règlements pour l'application du Traité seront pris chaque fois que de besoin par le Conseil des ministres à la majorité absolue. Enfin, il y a les décisions (art. 30) qui sont, contrairement aux règlements, des actes individuels.

Les règles communes aux États parties de l'OHADA découlent principalement des actes uniformes pris par le Conseil des ministres. Sont déjà adoptés par le Conseil des ministres de l'OHADA les actes uniformes suivants :

1- Droit commercial général ;

2- Droit des sociétés commerciales et du Groupement d'intérêt économique (GIE) ;

3- Droit des sûretés ;

4- Procédures simplifiées de recouvrement et des voies d'exécution ;

5- Procédure collective d'apurement du passif ;

---

[4] Voir article 4 qui dispose que les règlements dans le cadre de l'OHADA sont le règlement de procédure de la CCJA du 18 avril 1996 complété et modifié par le règlement n° 01/2014/CM/OHADA du 30 janvier 2014, le règlement d'arbitrage de la CCJA du 11 mars 1999, le règlement financier des institutions de l'OHADA, et les règlements portant statut des fonctionnaires et régime applicable au personnel de l'OHADA, dont le règlement n° 1/98 du 30 janvier 1998 sur le statut des fonctionnaires et le règlement n° 2198 du 30 janvier 1998 portant régime applicable aux personnes qui ne sont pas des fonctionnaires de l'OHADA.

6- Droit de l'arbitrage ;

7- Organisation et harmonisation de la comptabilité des entreprises ;

8- Contrats de transport des marchandises par route ;

9- Droit des sociétés coopératives.

Après les actes dérivés de l'OHADA, quels sont ceux de l'UEMOA qui régissent de façon spécifique et détaillée les actes unilatéraux de ses organes ?

C- Les actes additionnels, règlements, directives, recommandations et avis de l'UEMOA

Le chapitre 3 de l'UEMOA est intitulé « Du régime juridique des actes pris par les organes de l'Union ». L'article 42 énumère les différents actes que sont les actes additionnels pris par les chefs d'État et de gouvernement conformément à l'article 19. Il y a aussi les règlements, les directives et les décisions, les recommandations et avis. Ces différents actes peuvent être pris par le Conseil ou la Commission, à l'exception des directives, que seul l'organe ministériel peut prendre. Enfin, les règlements pour l'application des actes du Conseil, des décisions, des recommandations et avis pris par la Commission. Les recommandations et avis dans le cadre de la CEDEAO et de l'UEMOA n'ont pas de force exécutive obligatoire.
En dehors des sources principales de ses différentes communautés, il y a d'autres sources secondaires.

Paragraphe 3 : Le droit subsidiaire constitué des autres sources

Nous pouvons retenir dans ce cadre trois catégories de sources. Ce sont :

A- Les actes à portée interne

Ils sont nombreux. On cite généralement le règlement intérieur, le statut du personnel, les règlements financiers, etc.

B- Le droit issu des engagements internationaux (droit dérivé conventionnel)

Ce sont les accords entre les communautés et les accords entre les communautés et d'autres organisations internationales. Ils sont prévus par l'UEMOA et la CEDEAO et non par le Traité OHADA.

C- Le droit non écrit

Il s'agit de la jurisprudence et des principes généraux du droit. Les arrêts des cours de justice sont intégrés dans l'ordre juridique des Communautés africaines. Le développement de la jurisprudence dans les différentes communautés devient de plus en plus effectif et il constitue un bon indicateur dans le cadre de l'intégration africaine.

Ces différentes communautés ont introduit de nouvelles formes d'actes qui enrichissent l'environnement juridique. Mais il ne s'agit pas de prendre des actes, il faut également assurer leur application. C'est la question du régime juridique des actes pris dans ces différentes communautés.

Paragraphe 4 : L'applicabilité des normes dans l'ordre juridique interne des États membres

Si dans les traités de l'OHADA et de l'UEMOA, les actes ont un régime juridique semblable, il n'en est pas de même pour la CEDEAO.

A- La formulation expresse de l'applicabilité dans l'OHADA et l'UEMOA

L'applicabilité constitue un aspect important du régime juridique des actes des organes des Communautés. D'une manière générale, pour le droit originaire, les traités internationaux sont applicables du fait de leur caractère obligatoire à l'égard des signataires. Dès qu'ils sont ratifiés conformément aux procédures propres à chaque État, ils s'imposent aux États.

Quant aux droits dérivés de l'OHADA et de l'UEMOA, ils disposent d'une applicabilité directe et immédiate. Pour l'UEMOA, c'est l'article 6 qui dispose que « les actes arrêtés par les organes de l'Union pour la réalisation des objectifs du présent Traité et conformément aux règles et procédures instituées par celui-ci, sont appliqués dans chaque État membre nonobstant toute législation nationale contraire, antérieure ou postérieure »[5] et l'article 43 du Traité dispose que les règlements ont une portée générale. Ils sont obligatoires dans tous leurs éléments et sont directement applicables dans tout État membre.

Concernant les directives, elles lient tout État membre quant aux résultats à atteindre. Cela veut dire qu'elles leur laissent le choix quant aux moyens. Les directives nécessitent des mesures nationales d'application.

Les décisions sont obligatoires dans tous les éléments pour les destinataires qu'elles désignent. Enfin, les recommandations et les avis n'ont pas de force exécutoire. Pour l'OHADA, l'applicabilité directe est expressément attribuée aux actes uniformes de l'OHADA. L'article 10 du Traité dispose que les actes uniformes sont directement applicables et obligatoires dans les États parties nonobstant

---

[5] Voir avis Cour de justice de l'UEMOA n° 001/2003 du 18 mars 2003 sur la primauté du droit communautaire.

toute disposition contraire de droit interne antérieur et postérieur. Donc on voit que la rédaction des dispositions des deux traités a pris la forme identique. L'applicabilité immédiate signifie que l'acte communautaire peut être aussitôt invoqué par le justiciable dès son entrée en vigueur, s'il est suffisamment clair, précis et inconditionnel, une fois adopté par les institutions communautaires et dûment publié. Il ne passe pas par les procédures d'adoption propres aux Constitutions respectives des États membres.

Quant à l'applicabilité directe, elle peut créer des obligations à la charge des ressortissants de ses États et aussi des droits dont ceux-ci peuvent se prévaloir devant les juridictions nationales[6].

L'autre caractéristique de l'UEMOA et de l'OHADA, qui est une conséquence de l'applicabilité, est le principe de la primauté du droit communautaire. Il implique pour l'État l'interdiction d'appliquer une norme nationale contraire au droit communautaire. La pénétration des actes ne nécessite donc aucun acte de réception intermédiaire. Il impose la prévalence du droit communautaire sur le droit national[7]. Ainsi, l'UEMOA et l'OHADA, de par leur régime juridique, se détachent des autres organisations régionales telles que la CEDEAO, conçue naguère dans la mouvance classique du droit international général.

---

6 Voir décision de la CJCE dans un arrêt du 5 février 1963, Van Gend Loos, Aff. 26/62 ou CJCE dans Aff. Variola, arrêt du 10 octobre 1973, Aff. 34/73, p. 981.

7 La Cour de justice des Communautés européennes l'explique ainsi : « À la différence des traités internationaux ordinaires, le Traité de la CEE a institué un système juridique propre intégré au système juridique des États membres et s'impose à leurs juridictions ». CJCE, affaire 6/64 du 15 juillet 1964, Costa c./Enel ; CJCE 9 mars 1978 Simmenthal, Aff. Arrêt 34/73 106/77, 629 : « le droit issu des traités fait partie intégrante de l'ordre juridique applicable sur le territoire de chacun des États membres ».

B- Le régime juridique des actes de la CEDEAO

Le Traité constitutif de la CEDEAO est sommaire sur la nature et le régime juridique de ses actes. L'article 9 alinéa 1 du Traité de 1993 dispose que les actes de la Conférence sont dénommés Décisions. Elles sont force obligatoire à l'égard des États membres et des institutions de la communauté, sous réserve des dispositions de l'article 15 du présent Traité (Cour de justice).

Ces décisions sont exécutoires de plein droit 60 jours après la date de leur publication dans le *Journal officiel* de la Communauté. Dans l'ancien traité de 1975, la Conférence pouvait prendre également des directives.

Les actes additionnels pris dans le cadre de la CEDEAO sont annexés au Traité. Ils complètent celui-ci sans toutefois le modifier et leur respect s'impose aux organes de l'Union ainsi qu'aux autorités des organes des États membres.

Dans la CEDEAO, le règlement n'a pas la même vertu comme dans l'UEMOA, qui est un acte dérivé adopté selon le mode majoritaire, général, d'application directe et immédiate. L'acte communautaire de la CEDEAO précité est publié trente (30) jours après sa signature et exécutoire soixante (60) jours après sa date de publication dans le *Journal officiel* de la Communauté (art. 9 alinéas 5, 6 et 7 et art. 12).

À côté des règlements, le Conseil des ministres peut prendre des directives et des recommandations. La directive est l'acte pris par le CM sur délégation de la Conférence dans les domaines de l'harmonisation et de la coordination des politiques d'intégration. Contrairement au règlement, qui a un caractère obligatoire, la directive ne comporte qu'une obligation de résultat et non de moyen. La recommandation elle, n'a qu'un caractère facultatif dépourvu d'effet obligatoire.

Les décisions de la Conférence et les règlements du Conseil des ministres sont pris selon les matières à l'unanimité, par consensus, à la majorité des deux tiers des États membres.

La CEDEAO produit un droit interétatique qui se manifeste généralement par le consensus, un mode de prise de décision qui répond à un souci d'unanimité et qui a pour conséquence de neutraliser les effets du système majoritaire. Dans le mécanisme juridique de la CEDEAO par exemple, les règles de droit n'ont pas toutes les vertus de l'immédiateté du droit communautaire. Elles s'intègrent dans le droit interne des États membres, qui les adoptent selon les procédures constitutionnelles propres à ces États et se placent dans la hiérarchie des normes de droit interne entre les dispositions constitutionnelles et les lois ordinaires.

En effet, il convient de signaler que les décisions sont exécutoires de plein droit soixante (60) jours après la date de leur publication dans le *Journal officiel* de la Communauté. La Commission de la CEDEAO est tenue de procéder à la publication des décisions trente (30) jours après la date de leur signature par le président de la Conférence. Chaque État membre publie les mêmes décisions dans son *Journal officiel* dans les délais prévus au paragraphe 5 de l'article 9 (30 jours).

SECTION 2 : LA PROMOTION DES ORGANES INTÉGRÉS

Paragraphe 1 : Les organes de la CEDEAO

L'article 6 du Traité de la CEDEAO énumère les institutions de la Communauté qui sont :

- la Conférence des chefs d'État et de gouvernement ;
- le Conseil des ministres ;

- Le Parlement de la Communauté ;

- Le Conseil économique et social de la Communauté ;

- La Cour de justice de la Communauté ;

- Le Secrétariat exécutif qui est devenu la Commission ;

- Le Fonds de coopération, de compensation et de développement devenu la Banque d'Investissement et de Développement (BIDC) ;

- les commissions techniques spécialisées ;

- les institutions spécialisées : le GIABA et l'OOAS.

1- La Conférence des chefs d'État et de gouvernement

Elle est l'institution suprême de la Communauté et est composée des chefs d'État et/ou de gouvernement des États membres. Elle est chargée d'assurer la direction et le contrôle général de la Communauté et de prendre toutes les mesures nécessaires en vue du développement progressif de celle-ci et de la réalisation de ses objectifs. Elle est chargée de :

- déterminer la politique générale et les principales orientations de la Communauté ;

- donner des directives, harmoniser et coordonner les politiques économiques, scientifiques, techniques, culturelles et sociales des États membres ;

- d'assurer le contrôle du fonctionnement des institutions de la Communauté ainsi que le suivi de la réalisation des objectifs de celles-ci ;

- de nommer le président de la Commission ;

- de nommer, sur recommandation du Conseil, les Commissaires aux Comptes ;

- de déléguer, le cas échéant, au Conseil le pouvoir de prendre les décisions visées à l'article 9 du Traité ;

- de saisir, en cas de besoin, la Cour de justice de la Communauté lorsqu'elle constate qu'un État membre n'a pas honoré l'une de ses obligations ou qu'une institution de la Communauté a agi en dehors des limites de sa compétence ou a excédé les pouvoirs qui lui sont conférés par les dispositions du Traité, par une décision de la Conférence ou par un règlement du Conseil ;

- de demander au besoin à la Cour de justice de la Communauté des avis consultatifs sur toute question juridique ;

- d'exercer tout autre pouvoir que lui confère le présent Traité.

Elle se réunit en session ordinaire au moins deux (2) fois par an. Elle peut être convoquée en session extraordinaire à l'initiative de son président ou à la demande d'un État membre, sous réserve de l'approbation de cette demande par la majorité simple des États membres.
La présidence de la Conférence est assurée chaque année par un État membre élu par la Conférence[8].

2- Le Conseil des ministres

Le Conseil des ministres est formé par les ministres chargés des Affaires de la CEDEAO[9] et de tout autre ministre de chacun des États membres. Il a la charge d'assurer le bon fonctionnement et le développement de la

---

[8] À l'issue de la 47e session ordinaire de la CEDEAO, S. E. M. Macky Sall, président de la République du Sénégal, a succédé au président de la République du Ghana à la tête de la présidence en exercice de la CEDEAO à Accra, 19-20 mai 2015. Le Président togolais Faure Gnassingbé a été désigné Président en exercice à l'issue de la 51e Session ordinaire, le 4 juin 2017, à Monrovia.

[9] Les ministres chargés des affaires de la CEDEAO sont généralement les ministres des Affaires étrangères et les ministres chargés de l'Intégration régionale des pays membres.

Communauté. À cet effet, le Conseil, sauf dispositions contraires du Traité ou d'un protocole :

- formule des recommandations à l'intention de la Conférence sur toute action visant la réalisation des objectifs de la Communauté ;

- nomme tous les fonctionnaires statutaires autres que le président de la Commission ;

- donne, sur délégation de pouvoir de la Conférence, des directives dans les domaines de l'harmonisation et de la coordination des politiques d'intégration économique ;

- fait des recommandations à la Conférence concernant la nomination des Commissaires aux Comptes ;

- établit et adopte son règlement intérieur ;

- approuve l'organigramme et adopte le statut et le règlement du personnel de toutes les institutions de la Communauté ;

- approuve les programmes de travail et le budget de la Communauté et de ses institutions ;

- demande, en cas de besoin, à la Cour de justice de la Communauté des avis consultatifs sur toute question juridique ;

- remplit toute autre fonction qui lui est confiée aux termes du Traité et exerce tout pouvoir que lui délègue la Conférence.

Le CM se réunit au moins deux fois par an en session ordinaire. L'une de ces sessions précède immédiatement la session ordinaire de la Conférence. Il peut être convoqué en session extraordinaire à l'initiative de son président ou à la demande d'un État membre, sous réserve de l'approbation de cette demande par la majorité simple des États membres. La présidence du Conseil est assurée par le ministre chargé des Affaires de la CEDEAO de l'État membre élu président de la Conférence.

3- Le parlement de la communauté

Le parlement de la CEDEAO[10] permet une représentation des peuples par les députés. Elle est utile dans le cadre de l'appropriation du processus d'intégration par les peuples. Elle est insuffisante si elle se limite seulement aux parlementaires. Une réelle intégration ne peut se faire que si toutes les parties de la population sont impliquées (jeunes, femmes, agriculteurs, éleveurs, etc.).

Actuellement, l'article 13 renvoie à un protocole pour la définition du mode d'élection des membres du Parlement qui a été adopté le 4 août 1994. L'article 7 dispose en effet que « les députés et leurs suppléants sont élus au suffrage universel direct par les citoyens des États membres ».

En attendant qu'ils soient élus au suffrage universel direct, les assemblées législatives des États membres ou leurs institutions et organes éliront en leur sein leurs membres. L'Acte additionnel n° A/SA.1/12/16 adopté par la 50e CCEG de la CEDEAO le 17 décembre 2016 à Abuja renforce les prérogatives du Parlement, notamment en vue de donner des avis simples, des avis conformes, des avis contraignants selon les domaines de compétence du Parlement. Ils pourront également donner leur avis sur le budget de la Communauté et assurer le contrôle des politiques sectorielles.

---

[10] Le parlement de la CEDEAO est régi par l'article 13 du Traité relatif au parlement de la CEDEAO du 6 avril 1994, qui a été créé suite à l'adoption du Protocole du 4 août 1994 qui est entré en vigueur le 14 mars 2000. Il a été inauguré les 16 et 17 novembre 2000. Il comprend 115 sièges répartis comme suit : Bénin (5), Sierra Leone (5), Gambie (5), Guinée-Bissau (5), Togo (5), Liberia (5), Cap-Vert (5), Burkina Faso (6), Guinée (6), Niger (6), Mali (6), Sénégal (6), Côte d'Ivoire (7), Ghana (8) et Nigéria (35).

4- Le Conseil économique et social

Il a un rôle consultatif et est composé des représentants des différentes catégories d'activités économiques et sociales. Il n'est pas encore mis en place.

5- La Cour de justice de la Communauté

5-1 Composition

La Cour de justice de la CEDEAO est l'institution judiciaire des 15 États membres de l'Afrique de l'Ouest. Elle a été créée en 1993 par le Traité révisé de la CEDEAO (art. 15). Elle a son siège à Abuja et elle est opérationnelle depuis 2002. Elle est composée de 7 juges désignés par la Conférence des chefs d'État et de gouvernement. *La CGCE a institué en 2006 un Conseil judiciaire de la Communauté pour procéder à la sélection des candidatures afin que ces critères soient mieux respectés.* Ce Conseil a pour objectif de gérer le processus de recrutement des juges de la Cour de justice de la Communauté et des questions disciplinaires. Il est composé des présidents des juridictions suprêmes de l'ordre judiciaire ou de leurs représentants, ressortissants des États auxquels les postes de juges n'ont pas été attribués. Le Conseil, dans le cadre du recrutement des juges à la Cour, présélectionne trois candidats par État membre parmi les postulants. Il auditionne les candidats présélectionnés et fait des recommandations à la Conférence pour la nomination des juges à la Cour de justice de la Communauté. À ce titre, par cette nouvelle procédure de recrutement des juges de la CJ de la CEDEAO, les États n'ont plus le pouvoir de désigner les juges de leur nationalité. Les membres de la Cour sont nommés pour une période de 4 ans.

5-2 Compétences de la Cour

La Cour a compétence sur tous les différends qui lui sont soumis et qui ont pour objet l'interprétation et l'application du Traité, des conventions et protocoles de la Communauté ;

- l'interprétation et l'application des règlements, des directives, des décisions et de tout autre instrument juridique subsidiaire adopté dans le cadre de la CEDEAO ;

- l'appréciation de la légalité des règlements, des directives, des décisions et de tout autre instrument juridique subsidiaire adopté dans le cadre de la CEDEAO[11] ;

- l'examen des manquements des États membres[12] aux obligations qui leur incombent en vertu du traité, des conventions et protocoles, des règlements, des décisions et des directives, l'application des dispositions du Traité, conventions et protocoles, des règlements, des directives ou des décisions de la CEDEAO ;

---

[11] Le contentieux de l'annulation est prévu par l'article 9, b et c du Protocole sur la CJCEDEAO de 2005 et par les articles 8 à 10 du Protocole sur les organes de contrôle de l'UEMOA.

[12] Sur les recours en manquement, les réglementations sont assez nombreuses. Voir à ce sujet les articles 226, 227 et 228 du Traité de la CE, article 7 alinéa 3 du Traité de la CEDEAO et articles 5, 6 et 8 du Protocole additionnel n° 1 sur les organes de contrôle. La jurisprudence est également assez abondante. Voir à titre d'exemple CE sur l'avis motivé, CJCE AFF C-210/91 Commission c/Grèce, Rec. 1992, 1-6735, la violation de la norme communautaire et les acteurs du manquement, CJCE, aff. 79/72 Commission/Italie, Rec. 1973, 667 ; l'exécution de l'arrêt, CJCE, Aff. C-387/97, Commission c/Grèce, Rec., 2000, 1-5047 ; sur les amendes ou astreintes, Aff. C-304/02 du 12 juillet 2005 Commission c/France, etc.

- l'examen des litiges entre la Communauté et ses agents[13] ;

- les actions en réparation des dommages causés par une institution de la Communauté ou un agent de celle-ci pour tout acte commis ou toute omission dans l'exercice de ses fonctions.

La Cour est également compétente pour déclarer engagée la responsabilité non contractuelle et condamner la Communauté à la réparation du préjudice causé soit par des agissements matériels, soit par des actes normatifs des institutions de la Communauté ou de ses agents dans l'exercice ou à l'occasion de l'exercice de leurs fonctions[14].

Enfin, la Cour est compétente pour connaître des cas de violation des droits de l'homme dans tout État membre.

5-3 Modes de saisine

Peuvent saisir la Cour :

a- tout État membre ou le président de la Commission, pour les recours en manquement aux obligations des États membres ;

b- tout État membre, le Conseil des ministres et le président de la Commission pour les recours en appréciation de la légalité d'une action par rapport aux textes de la Communauté ;

---

13 Dans la plupart des OCA, le recours des agents est prévu. L'article 15 alinéa 4 du Règlement de la Cour de l'UEMOA, l'article 9 alinéa 1, f. du Protocole de la CEDEAO et l'article 27 du Traité de la COMESA peuvent être cités.

14 Il s'agit du contentieux de la pleine juridiction ou recours en responsabilité. Elle est prévue dans la CEDEAO par l'article 9 page 1 et 2 du Protocole sur la Cour de justice de la CEDEAO. Dans l'UEMOA, elle est prévue par l'article 15 du Protocole 1 sur les organes de contrôle, art. 27 de ses statuts et art. 15 alinéa 5 du Règlement de procédure. Voir également l'article 37 du règlement n° 3/2002 du CM.

c- toute personne physique ou morale pour les recours en appréciation de la légalité contre tout acte de la Communauté lui faisant grief ;

d- toute personne victime de violations des droits de l'homme. Depuis 2005, les ressortissants de la CEDEAO ont un droit de saisine directe sans attendre l'épuisement des voies de recours interne. La plainte ne doit pas être anonyme et le requérant doit être un ressortissant des pays membres de la CEDEAO entre autres conditions ;

e- les juridictions nationales ou les parties concernées, lorsque la Cour doit statuer à titre préjudiciel sur l'interprétation du Traité, des protocoles et règlements. Les juridictions nationales peuvent décider elles-mêmes ou à la demande d'une des parties au différend de porter la question devant la Cour de justice de la Communauté pour interprétation[15] ;

f- attributions subsidiaires à savoir fonction d'arbitre en attendant la mise en place du tribunal arbitral ou toute autre question que les États membres, la Conférence des chefs d'État et de gouvernement ainsi que toute compétence que pourraient lui confier des protocoles et décisions ultérieures.

5-4 Décisions et recours possibles

Selon l'article 19 alinéa 2 relatif au Protocole sur la Cour de justice de la CEDEAO, les décisions de la Cour sont immédiatement exécutoires et ne sont pas susceptibles d'appel, sous réserve des dispositions relatives à la révision. L'article 22 alinéa 3 dispose que les États membres et les

[15] La Cour ne connaît du renvoi préjudiciel pour interprétation que sur saisine des juridictions nationales ou les parties à un différend devant elles (art. 10 du nouveau Protocole de la Cour). Il s'agit moins d'une procédure contentieuse que de l'institutionnalisation d'un dialogue entre le juge national et le juge communautaire à l'occasion d'une procédure incidente.

institutions de la Communauté sont tenus de prendre sans délai toutes les mesures nécessaires de nature à assurer l'exécution des décisions de la Cour.

De même, en vertu de l'article 15 alinéa 4 du Traité révisé de 1993, les arrêts de la Cour ont force obligatoire à l'égard des États membres, des institutions de la Communauté et des personnes physiques ou morales.

Concernant la demande en révision d'une décision, elle n'est ouverte que lorsqu'elle est fondée sur la découverte d'un fait de nature à exercer une influence décisive et qui, au moment du prononcé de la décision, était inconnu de la Cour et du demandeur, à condition toutefois qu'une telle ignorance ne soit pas le fait d'une négligence.

En cas de difficulté sur le sens et la portée d'une décision ou d'un avis consultatif, il appartient à la Cour de l'interpréter, sur la demande d'une partie ou d'une institution de la Communauté justifiant d'un intérêt à cette fin (art. 23).

Le non-respect de l'arrêt de la Cour peut être sanctionné en vertu de l'article 24 du Protocole additionnel de la Cour de justice de la CEDEAO de 2005, et de l'article 77 du Traité de la CEDEAO. L'article 24 disposant que les arrêts de la Cour qui comportent à la charge des personnes ou des États une obligation pécuniaire constituent un titre exécutoire et l'article 77 alinéa 1 du Traité révisé de la CEDEAO stipulant que lorsqu'un État membre n'honore pas ses obligations vis-à-vis de la Communauté, la Conférence peut adopter des sanctions à l'encontre de cet État membre, qui sont :

- la suspension de l'octroi de tout nouveau prêt ou de toute nouvelle demande d'assistance par la Communauté ;

- la suspension de décaissement pour tous les prêts, pour tous les projets ou les programmes d'assistance communautaire en cours ;

- le rejet de la présentation de candidature aux postes statutaires et professionnels ;

- la suspension du droit de vote et de participation aux activités de la Communauté.

Toutefois, la Conférence peut suspendre l'application desdites mesures sur la base d'un rapport motivé et circonstancié établi par un organe indépendant et présenté par le président de la Commission qui spécifie que le non-respect des obligations est dû à des circonstances indépendantes de la volonté de cet État.

Il convient de signaler que la Cour de justice de la CEDEAO n'a pas de moyen d'exécution forcée contre un État. Cependant, la Conférence des chefs d'État peut, si elle est saisie, prononcer des sanctions à l'encontre d'un État qui ne respecte pas ses obligations vis-à-vis de la Communauté, conformément à l'article 77 du Traité de la CEDEAO.

6- La Commission de la CEDEAO

Conformément à la décision prise par les chefs d'État en 2007 à Abuja, la CEDEAO a connu un changement institutionnel au niveau du Secrétariat exécutif. Le secrétariat a été remplacé par une Commission de neuf à 12 commissaires. Actuellement, la Commission est composée de 15 commissaires[16]. Toutefois, la décision a été

---

[16] La décision A/DEC/4/02/13 du 28 février 2013 sur l'élargissement de la Commission et du nombre de postes de commissaires à quinze (15), adoptée par la CEG de Yamoussoukro, a élargi le nouvel organigramme avec des mandats de quatre (4) ans renouvelables pour chaque candidat. En janvier 2014, il se présentait comme suit :
1- Président (Burkina) ;
2- Vice-président (Liberia) ;
3- Commissaire aux Finances (Sierra Leone) ;
4- Commissaire Politique macroéconomique et Recherche (Mali) ;
5- Commissaire Douanes et Libre circulation (Niger) ;

prise lors de la 51e Session ordinaire des CEG tenue à Monrovia le 4 juin 2017 de réduire de 15 à 9 le nombre de commissaires, et à 18 celui des postes statutaires pour l'ensemble des institutions. Le Comité ministériel ad hoc et le président de la Commission sont chargés de la mise en œuvre de ces deux décisions.

La Commission de la CEDEAO, ancien Secrétariat exécutif, vise à mettre en œuvre la nouvelle vision, la mission et les objectifs de la CEDEAO en tant que groupement régional de quinze (15) États membres de l'Afrique de l'Ouest. Elle est dirigée par un président, assisté par un Vice-président et des commissaires ayant en charge un domaine déterminé. À l'instar de l'UE et de l'UEMOA, il s'agit d'une innovation qui renforce les pouvoirs de la Commission et la rend plus visible. Le président de la Commission se voit reconnaître une

---

6- Commission Agriculture, Environnement et Ressources en eau (Togo) ;
7- Commissaire Infrastructure (Gambie) ;
8- Commissaire Affaires politiques, Paix et Sécurité (Nigéria) ;
9- Commissaire Affaires sociales et Genre (Sénégal) ;
10- Commissaire Administration générale et Conférences (Ghana) ;
11- Commissaire Culture (Bénin) ;
12- Commissaire Ressources humaines (Guinée-Bissau) ;
13- Commissaire Énergie et Mines (Guinée) ;
14- Commissaire Télécommunication, Technologies de l'information (Cap-Vert) ;
15- Commissaire Industrie et Promotion du secteur privé (Côte d'Ivoire).

L'article 18 P1 nouveau du Traité de la CEDEAO exclut désormais tout renouvellement du mandat du président de la Commission (voir Protocole additionnel A/SP/1/06/06 du 14 juin 2006 portant amendement du Traité révisé de la CEDEAO). Cet article prévoit également que la nomination du président de la Commission se fera de manière rotative. Ainsi, tous les États membres pourraient accéder à la présidence de la CEDEAO.

compétence générale[17]. La Commission est regroupée en Départements et Directions comprenant divers agents professionnels ressortissants des différents pays membres.

Les Directions sont :

- la Direction de la Planification stratégique ;
- la Direction du Secteur privé ;
- la Direction de l'Alerte précoce ;
- la Direction de la Paix et de la Sécurité ;
- la Direction des Transports et Télécommunications ;
- la Direction de l'Industrie et des Mines ;
- la Direction du Commerce ;
- la Direction du Genre/Jeunesse/Sport/Société civile ;
- la Direction de l'Agriculture et du Développement rural ;
- la Direction de l'Éducation et de la Culture ;
- la Direction de l'Environnement et des Ressources en eau ;
- la Direction des Douanes ;
- la Direction de la Communication ;
- la Direction de l'Énergie ;
- la Direction du Tourisme et de la Libre circulation :
- la Direction de la Surveillance multilatérale ;
- la Direction des Affaires politiques ;
- la Direction des Affaires juridiques ;
- la Direction des Relations extérieures ;
- la Direction des Ressources humaines ;
- la Direction de l'Administration générale ;
- la Direction des Finances ;
- la Direction du Centre informatique communautaire ;
- la Direction des Conférences et Protocoles ;
- La Direction de la Recherche et des Statistiques ;
- La Direction des Affaires sociales et humanitaires.

[17] Le président de la Commission est le plus haut fonctionnaire de la Communauté (cf. article 19 du Traité de la CEDEAO).

À ces Directions, il convient d'ajouter deux importantes agences spécialisées de la CEDEAO, dont le Centre du développement du Genre basé à Dakar et le Centre pour le Développement de la Jeunesse et du Sport situé à Ouagadougou.

- Le Centre de la CEDEAO pour le Développement du Genre (CCDG) a été créé en janvier 2003 par Décision A/DEC. 16/1/03 des chefs d'État et de gouvernement de la CEDEAO pour doter la CEDEAO d'une agence spécialisée en matière de genre et de développement. Il est dirigé par une directrice et placé sous la tutelle de la commissaire au Développement humain et au Genre de la Commission de la CEDEAO. Le CCDG est un centre d'excellence où convergent les actions de promotion de l'égalité et de l'équité genre dans l'espace CEDEAO.

- Le Centre de Développement de la Jeunesse et des Sports de la CEDEAO (CDJS/CEDEAO) est une agence qui forme les jeunes en leur permettant d'améliorer leurs connaissances pratiques dans des filières telles que l'agriculture, l'élevage, la pisciculture, la transformation agroalimentaire, l'artisanat et les métiers du bâtiment.

Les formations de renforcement de capacités au profit des jeunes ouest-africains sont organisées chaque année, et ce, depuis 2007, au Centre Songhaï de Porto-Novo, par le CDJS/CEDEAO, basé à Ouagadougou, au Burkina Faso.

Elles ont permis à ce jour la formation de plusieurs jeunes entrepreneurs, dont beaucoup de filles, dans les domaines de l'agriculture, de la transformation agroalimentaire, de la pisciculture, de l'élevage et de l'artisanat. Ces formations s'inscrivent dans la dynamique de l'emploi des jeunes et se proposent, entre autres, de renforcer les capacités d'entrepreneurs de ces derniers, de contribuer à leur insertion socioprofessionnelle, d'accroître leur employabilité, d'appuyer leurs projets et de favoriser le développement de partenariat entre eux.

Pour rappel, la Commission est chargée également de l'exécution des décisions de la Conférence et de l'application des règlements du Conseil, de la promotion des programmes et projets de développement communautaires, la convocation, en cas de besoin, de réunions de ministres sectoriels pour examiner les questions sectorielles qui contribuent à la réalisation des objectifs de la Communauté, de l'élaboration des projets de programmes d'activités et de budget de la Communauté et de la supervision de leur exécution après leur approbation par le Conseil, de la présentation d'un rapport sur les activités de la Communauté à toutes les réunions de la Conférence et du Conseil, de la préparation des réunions de la Conférence et du Conseil et la fourniture des services techniques nécessaires, ainsi que des réunions des experts et des commissions techniques, du recrutement du personnel de la Communauté et la nomination aux postes autres que ceux des fonctionnaires statutaires conformément au statut et règlement du personnel, de la soumission de propositions et l'élaboration d'études qui peuvent aider au bon fonctionnement et au développement harmonieux et efficace de la Communauté, ainsi qu'à l'élaboration de projets de textes à soumettre à la Conférence ou au Conseil pour approbation.

7- La Banque d'Investissement et de Développement (BIDC) ou ex-Fonds de Coopération, de Compensation et de Développement.

Afin de renforcer les ressources financières du Fonds à travers l'ouverture de son capital aux partenaires non régionaux et de diversifier ses activités opérationnelles notamment par un appui plus marqué au secteur privé, la Conférence des chefs d'État et de gouvernement, en sa 22e session tenue les 9 et 10 décembre 1999, a décidé de la transformation du Fonds de la CEDEAO en un groupe bancaire dénommé Banque d'investissement et de développement de la CEDEAO (BIDC).

La transformation du Fonds de Coopération, de Compensation et de Développement de la Communauté Économique des États de l'Afrique de l'Ouest[18] en une société holding[19] dénommée Banque d'Investissement et de Développement (BIDC) a nécessité l'adoption, par la 25e session de la Conférence des chefs d'État et de gouvernement de ladite Communauté réunie à Dakar les 20 et 21 décembre 2001, du Protocole A/P1/12/01 portant amendement des articles 1, 3, 6 et 21 du Traité révisé instituant cette Communauté.

La Banque est devenue opérationnelle le 1er janvier 2004. Elle a deux guichets, dont l'un est destiné à la promotion du secteur privé, et l'autre au développement du secteur public. Son siège est à Lomé, au Togo.

L'objectif essentiel de la BIDC est de contribuer à l'essor économique de l'Afrique de l'Ouest à travers le financement des projets publics et privés relevant des domaines du transport, de l'énergie, des télécommunications, de l'industrie, des services, de la réduction de la pauvreté, de l'environnement et des ressources naturelles.

---

[18] Le FCCD était chargé de financer les projets de développement et de fournir des compensations et indemnités aux États ayant subi des pertes dues aux dispositions du Traité de la Communauté. Il pénalisait les États qui faisaient le plus de commerce avec l'extérieur de la zone puisque la contribution de chaque État était proportionnelle à la participation aux échanges intracommunautaires de produits industriels dans le marché intérieur. Il était devenu opérationnel en 1979.

[19] Holding : société financière dont l'activité consiste à gérer des actions et des valeurs mobilières qu'elle possède dans d'autres sociétés qui sont placées sous son contrôle.

La BIDC a pour objet :

- d'accorder des prêts et garanties pour le financement de projets et programmes d'investissement relatifs au développement économique et social des États membres, de mobiliser à l'intérieur et hors de la Communauté des ressources destinées au financement de ses projets et programmes d'investissement, de fournir l'assistance technique qui peut être nécessaire au sein de la Communauté pour l'étude, la préparation, le financement et l'exécution de projets et programmes de développement ;

- de recevoir et de gérer la part de ressources du prélèvement communautaire destinées au financement des actions de développement de la Communauté, de gérer tout fonds spécial de la Communauté relatif à son objet et de mener toute activité commerciale, industrielle ou agricole, dans la mesure où celle-ci serait accessoire à son objet ou nécessaire au recouvrement de ses créances.

Les instances de décision de la BIDC sont :

- le Conseil des gouverneurs, qui est l'instance suprême de prise de décision. Il détient tous les pouvoirs de contrôle en matière de gestion, de fonctionnement et d'administration. Ses membres titulaires sont les ministres des Finances des États membres ;

- le Conseil d'Administration est responsable de la conduite des opérations générales de la banque. Il est composé de huit membres représentant des pays ou des groupes de pays ;

- la gestion courante de la BIDC relève de la compétence de son président. Il est assisté de deux Vice-présidents, l'un étant chargé des opérations et l'autre des finances et des services institutionnels.

La BIDC est une institution financière pas très connue comme la BAD ou la BOAD.

8- Les Commissions techniques

Celles existantes sont :

- Alimentation et agriculture ;
- Industrie, science et technologie, et énergie ;
- Environnement et ressources naturelles ;
- Transports, communications et tourisme ;
- Commerce, douanes, fiscalité, statistique, monnaies et paiements ;
- Affaires politiques, judiciaires et juridiques, sécurité régionale et immigration ;
- Ressources humaines, information, affaires sociales et culturelles ;
- Administration et finances.

La Conférence peut, si elle le juge nécessaire, restructurer les Commissions existantes ou en créer de nouvelles. Chaque Commission comprend des représentants de chacun des États membres. Dans son domaine de compétence, chaque Commission a pour mandat :

- de préparer des projets et programmes communautaires et de les soumettre à l'approbation du Conseil par l'intermédiaire du président de la Commission soit sur sa propre initiative, soit à la demande du Conseil ou du président de la Commission ;
- d'assurer l'harmonisation et la coordination des projets et programmes communautaires ;
- de suivre et faciliter l'application des dispositions du présent Traité et des protocoles relevant de son domaine de compétence ;
- d'accomplir toute autre tâche qui pourrait lui être confiée en application des dispositions du présent Traité.

Sous réserve des directives qui peuvent être données par le Conseil, chaque Commission se réunit aussi souvent que nécessaire. Elle établit son règlement intérieur, qu'elle soumet au Conseil pour approbation.

9- Les institutions spécialisées : le GIABA et l'OOAS.

9-1 Le Groupe intergouvernemental d'action contre le blanchiment d'argent en Afrique de l'Ouest (GIABA) a été établi en 2000 par la Conférence des chefs d'État et de gouvernement de la Communauté économique des États de l'Afrique de l'Ouest (CEDEAO).

La création du GIABA est une réponse majeure et la contribution de la CEDEAO à la lutte contre le blanchiment de capitaux. Le GIABA est une institution spécialisée de la CEDEAO, chargée du renforcement des capacités des États membres dans la prévention et la lutte contre le blanchiment de capitaux et le financement du terrorisme dans la région. Outre les États membres, le GIABA peut octroyer le statut d'observateur à des États africains et non africains et à des organisations intergouvernementales qui soutiennent ses objectifs et ses actions et qui ont sollicité le statut d'Observateur.

Les missions du GIABA sont :

- le développement institutionnel : le GIABA constitue un organe régional solide et compétent de LBC/FT, capable d'apporter le soutien requis aux États membres pour les aider à développer une forte capacité de lutte contre le blanchiment de capitaux et le financement du terrorisme dans leurs juridictions respectives et au niveau régional ;

- le suivi de la conformité : il suit et évalue les États membres pour déterminer leur niveau de conformité aux normes internationales acceptables de LBC/FT. Il s'agit notamment des évaluations mutuelles et des actions de suivi ;

- les typologies et autres recherches : les typologies sont un type spécialisé d'études aidant à déterminer les techniques, les méthodes, la portée, le schéma, les tendances, le lieu et l'impact du blanchiment de capitaux et du financement du terrorisme sur les États membres. La recherche conventionnelle constitue également une composante cruciale des études entreprises par le GIABA ;

- l'appui technique aux États membres : il apporte un appui aux États membres dans la création de structures et de pratiques de LBC/FT plus fortes, plus efficaces et plus efficientes. Il s'agit notamment du développement de Cellules de renseignements financiers (CRF) dans les États membres et du renforcement d'autres organismes nationaux vitaux de LBC/FT ;

- les partenariats : il se charge également de la promotion de partenariats stratégiques avec le secteur privé, la société civile et d'autres acteurs clés ;

- la coopération régionale et internationale : il étend et renforce la coopération dans et entre les États membres, entre les États membres et le GIABA et avec les partenaires internationaux en général.

Le siège du GIABA se trouve à Dakar.

9-2 L'Organisation ouest-africaine de la Santé (OOAS) a été créée en 1987 quand les chefs d'État et de gouvernement de tous les quinze pays de la CEDEAO ont adopté le protocole portant création de l'Organisation. Ce Protocole, qui a été ratifié par la suite par chaque gouvernement de la sous-région, donne à l'OOAS le statut d'agence spécialisée de la CEDEAO et décrit la mission de l'Organisation comme suit :

L'Organisation ouest-africaine de la Santé a pour objectif d'offrir au niveau le plus élevé des prestations de soins de santé aux populations de la sous-région sur la base de l'harmonisation des politiques des États membres, de la mise en commun des ressources et de la coopération entre les États membres et les pays tiers, en vue de trouver collectivement et stratégiquement des solutions aux problèmes de santé de la sous-région.

En tant qu'Agence spécialisée de la CEDEAO, l'OOAS est composée de plusieurs organes de prise de décisions :

- l'autorité des chefs d'État et de gouvernement des États membres est l'institution suprême de la Communauté et est composée de chefs d'État et/ou de gouvernement des États membres. L'autorité est responsable de l'orientation générale et du contrôle de la Communauté et prend toutes les mesures nécessaires pour assurer son développement progressif et la réalisation de ses objectifs. À ce titre, elle est aussi l'organe suprême de prise de décisions de l'OOAS ;

- le Conseil des ministres est un panel rotatif de ministres des États membres de la CEDEAO qui peut comprendre les ministres de l'Intégration, de la Planification économique et des Finances et des Affaires étrangères. Le Conseil est chargé du fonctionnement et du développement de la Communauté et fait des recommandations à l'autorité de la CEDEAO sur toute action liée aux objectifs de la Communauté ;

La juridiction de l'Assemblée des ministres de la Santé est surtout limitée aux questions sanitaires et plus particulièrement aux aspects techniques y afférents. L'Assemblée définit les politiques générales de l'OOAS et prend d'autres décisions appropriées pour promouvoir ou faire avancer les objectifs de l'Organisation.

Bien qu'elle soit directement liée à la CEDEAO, l'OOAS jouit d'une autonomie administrative et financière. La Direction générale de l'OOAS, qui est chargée de l'exécution des programmes et des activités de l'organisation, est dirigée par un Directeur général, assisté d'un Directeur général adjoint. Les activités de l'OOAS sont réparties sur six départements. En plus de la Direction générale, il y a les Directions suivantes :

- Développement des Ressources humaines (DDRH)
- Planification et Assistance technique (DPAT)
- Soins de santé primaires (DSSP)
- Lutte contre les maladies épidémiques (DLME)
- Recherche et Système d'information à la santé (DRSIS)
- Administration et Finances (DAF)

Le siège de l'OOAS se trouve à Bobo Dioulasso (Burkina Faso). C'est une institution qui n'est pas très connue. Lors de la récente crise d'Ebola, beaucoup d'observateurs ont souligné sa timide implication. Ce sont des États extérieurs partenaires et l'OMS qui ont été les plus visibles. L'OOAS devrait améliorer ses capacités en matière d'intervention et renforcer sa communication.

Paragraphe 2 : Les organes de l'UEMOA

L'UEMOA comprend des organes de direction, des organes de contrôle, des organes consultatifs et des institutions spécialisées autonomes.

1- Les organes de direction :

1-1 La Conférence des chefs d'État et de gouvernement[20] :

Autorité suprême de l'Union, elle tranche toute question n'ayant pu trouver de solution par accord unanime du Conseil des ministres.

---

[20] Le Traité de l'UMOA parlait de Conférence des chefs d'État alors que celui de l'UEMOA parle de Conférence des chefs d'État et de gouvernement.

1-2 La Commission de l'UEMOA[21] :

Elle exerce, en vue du bon fonctionnement et de l'intérêt général de l'Union, le pouvoir d'exécution délégué par le Conseil des ministres. La Commission est l'organe d'exécution des politiques d'intégration[22]. Ainsi, elle transmet à la Conférence et au Conseil les recommandations et avis qu'elle juge utiles à la préservation et au développement de l'Union. Elle exécute le budget de l'Union et peut saisir la Cour de justice en cas de manquement des États membres aux obligations qui leur incombent en vertu du droit communautaire. Le siège de la Commission se trouve à Ouagadougou au Burkina Faso.

2- Les organes de contrôle :

2-1 La Cour de justice :

La Cour de justice veille à l'interprétation uniforme du droit communautaire, à son application et juge notamment les manquements des États à leurs obligations communautaires. Elle arbitre les conflits entre États membres ou entre l'Union et ses agents. Selon l'article 15 paragraphe 7 du règlement des procédures de la Cour, elle peut donner des avis aux institutions de la communauté et

---

[21] L'ancien président de la Commission de l'UEMOA est l'ancien Premier ministre du Sénégal, M. Cheikh Hadjibou Soumaré ; il a succédé en 2011 au Malien Soumaila Cissé. Le nouveau président est le Nigérien Abdallah Boureima, nommé en 2017.

[22] La Commission de l'UEMOA est composée outre du président de sept (7) autres commissaires qui occupent les Départements suivants : Marché régional, Commerce, Concurrence et coopération, Politiques économiques et Fiscalité intérieure, Développement rural, Ressources naturelles et environnement, Services administratifs et financiers, Développement de l'entreprise des télécommunications et de l'énergie, Développement social et culturel, Territoire, Transports et tourisme (voir Décision n° 0180/2003/P com./UEMOA du 28 février portant création et organisation des services de la Commission de l'UEMOA modifiée).

aux États membres. Les personnes physiques ou morales peuvent faire un recours en appréciation de la légalité contre tout acte d'un organe de l'union lui faisant grief. Le recours n'est possible que deux mois suivant la publication ou la notification de l'acte.

S'agissant des arrêts qu'elle rend, ils sont publiés au bulletin officiel de l'Union et ont force obligatoire selon le Protocole additionnel n° 1 relatif aux organes de contrôle de l'UEMOA (article 20).

Dans le cadre du recours en manquement, les États sont obligés de respecter les décisions judiciaires. À défaut, la Commission peut saisir la CCEG, qui invite l'État ayant commis le manquement à se conformer à la décision de la Cour. En tout état de cause, l'inobservation de la décision judiciaire peut entraîner une sanction par l'autorité politique. Quant à la procédure de règlement préjudiciel, elle est prévue par l'article 12 du Protocole I sur les organes de l'UEMOA et par l'article 15 paragraphe 6 du règlement de procédure de la Cour de justice de l'UEMOA.

2-2 La Cour des comptes[23] :

Elle contrôle les comptes des organes de l'Union et la fiabilité des données budgétaires nécessaires à l'exercice de la surveillance multilatérale. Trois conseillers sont mandatés pour six ans, renouvelables une fois.

---

[23] Voir article 24 du Protocole additionnel n° 1 relatif aux organes de contrôle de l'UEMOA de mai 1996 et l'article 1er de l'Acte additionnel n° 09/96 du 10 mai 1996 fixant les modalités de désignation des Conseillers de la Cour des comptes de l'UEMOA. Pour la jurisprudence, voir l'avis de la CJUEMOA n° 001/2 003 du 18 mars 2003 faisant obligation pour le Mali de créer une Cour des comptes conformément aux dispositions de l'article 68 du Traité complétées par celles de la Directive n° 002/2000/CM/UEMOA du 29 juin 2000 portant adoption du Code de transparence dans la gestion des finances au sein de l'UEMOA.

2-3 Le Comité interparlementaire[24] :

Il joue un rôle consultatif et d'animation des débats sur l'intégration. Il reçoit le rapport annuel de la Commission et s'exprime sous forme de rapports ou de résolutions. Le Comité interparlementaire préfigure le parlement de l'Union, qui sera chargé du contrôle démocratique des organes de l'Union. Son siège est à Bamako, au Mali.

3- Les organes consultatifs : La Chambre consulaire régionale

La Chambre consulaire régionale est le lieu privilégié de dialogue entre l'UEMOA et les principaux opérateurs économiques. La Chambre, organe consultatif créé par le Traité de l'Union, est chargée de réaliser l'implication effective du secteur privé dans le processus d'intégration de l'UEMOA, notamment par la participation à la réflexion sur le processus d'intégration et la mise en œuvre des réformes arrêtées par les organes compétents de l'Union, la promotion des échanges commerciaux et des investissements dans l'Union, l'appui technique aux Chambres consulaires nationales et à leurs autres membres.

À son initiative ou à celle de la Commission, la Chambre donne des avis sur toute question relative à la réalisation des objectifs de l'Union, notamment les législations commerciale, fiscale, douanière et sociale, les négociations commerciales auxquelles participe l'Union, la création et le fonctionnement des bourses de valeur ou de commerce, d'observatoires économiques, la politique économique et monétaire.

---

[24] Les députés du Parlement de l'UEMOA (Comité interparlementaire) sont désignés de manière transitoire parmi les députés nationaux au sein de l'Assemblée nationale. Ils sont 40 membres, dont 5 pour chacun des 8 États (cf. article 31 du Traité portant création du Parlement de l'UEMOA du 29 janvier 2003).

La Chambre regroupe les chambres consulaires nationales, les associations professionnelles et les organisations patronales des États membres. Son siège est à Lomé au Togo.

4- Les institutions spécialisées autonomes

Ce sont :

4-1 La Banque Centrale des États de l'Afrique de l'Ouest (BCEAO) :

La BCEAO[25] est un établissement public international dont le siège est établi à Dakar (Sénégal). Elle a le privilège exclusif d'émettre les signes monétaires sur le territoire des États de l'Union. Le Conseil d'administration est formé de dix-huit membres, à raison de deux par État participant à la gestion de la Banque (huit pays membres et la France). Le Conseil d'administration fixe notamment les conditions d'intervention de la Banque en matière monétaire. Il est présidé par le gouverneur qui, cependant, ne participe pas aux votes. Le gouverneur est nommé par le Conseil des ministres pour une période de six ans, renouvelable. Il est assisté par un Vice-gouverneur nommé par le Conseil d'administration, pour une durée de cinq ans, renouvelable. La BCEAO dispose, dans chaque État membre, d'une agence nationale auprès de laquelle siège un Comité national du crédit composé du ministre des Finances, de deux représentants de l'État siégeant au Conseil d'administration et de quatre autres membres nommés par le gouvernement. Le gouverneur de la BCEAO assiste aux séances avec voix consultative. Sous le contrôle du Conseil d'administration de la Banque Centrale, les Comités nationaux règlent à l'échelon national la distribution du crédit et le volume de l'émission.

---

[25] La BCEAO a l'exclusivité de l'émission monétaire sur l'ensemble des États membres de l'UEMOA et émet les signes monétaires (billets et pièces).

4-2 La Banque ouest-africaine de développement (BOAD) :

Le siège de la BOAD est à Lomé (Togo)[26]. Elle a pour objectif de promouvoir le développement équilibré des États membres et de favoriser leur intégration. Par la collecte de disponibilités intérieures et la recherche de capitaux extérieurs, la BOAD contribue notamment au financement, sous des formes diverses, des infrastructures de soutien au développement, à l'amélioration des conditions et moyens de production ainsi qu'à l'établissement de nouvelles activités économiques.

Dans les rencontres du Conseil des ministres, la BCEAO organise les séances du Conseil dont elle assure le secrétariat. Le gouverneur de la BCEAO assiste aux réunions du Conseil avec voix consultative. Le Conseil se réunit au moins deux fois par an et prend ses décisions à l'unanimité. Il lui appartient de modifier la définition de l'unité monétaire et de déterminer en conséquence la déclaration de parité de la monnaie de l'Union à effectuer au Fonds monétaire international.

Paragraphe 3- Les organes de l'OHADA

Les principaux organes sont :

1) Le Conseil des ministres : c'est l'organe qui adopte les actes uniformes. Il est composé des ministres de la Justice des différents pays membres de l'OHADA.

2) La Cour commune de justice et d'arbitrage (CCJA) : Elle dispose de certains pouvoirs en matière judiciaire et d'arbitrage. Le Traité organise deux voies de règlement des litiges au profit de la CCJA.

---

[26] La BOAD est devenue effective en 1976.

- la voie judiciaire :

Le contentieux de l'application des actes uniformes est réglé en première instance et en appel par les juridictions nationales. La CCJA joue le rôle de juge de cassation en lieu et place de la Cour suprême ou de la Cour de cassation nationales[27]. Elle peut être saisie sur renvoi préjudiciel d'une juridiction nationale, saisie à tort d'un recours en cassation dans une affaire relevant de sa compétence (art. 15). Dans ce cas, la juridiction nationale, du fait de l'effet suspensif de la saisine (art. 16), transmet à la Cour l'ensemble du dossier avec copie de la décision de renvoi et les parties avisées de cette transmission disposent de trois mois à compter de la réception de la lettre pour faire leurs observations. Les décisions de la CCJA ont l'autorité de la chose jugée et force exécutoire sur le territoire de chacun des États parties.

- La voie de l'arbitrage :

Le Traité de l'OHADA fait de l'arbitrage l'instrument majeur du règlement des différends contractuels. La Cour commune de justice et d'arbitrage ne tranche pas elle-même les différends. Elle nomme ou confirme les arbitres, est informée du déroulement de l'instance, examine les projets de sentences, mais ne peut proposer que des modifications de pure forme. Les sentences arbitrales rendues ont l'autorité définitive de la chose jugée sur le territoire de chaque État partie au même titre que les décisions rendues par les juridictions de l'État. Elles peuvent faire l'objet d'une exécution forcée en vertu d'une décision d'exequatur.

---

[27] La CCJA peut réformer les décisions du juge du fond CF CCJA n° 013/2 002, 18 avril 2002, Affaire BICICI C. Dioumou Mbandy : CCJA n° 02/2 002, avril 2002, Affaire Société Palmafrique C. Étienne Konan Bally Koukou.

3) Le Secrétariat permanent[28] : il prépare les projets d'actes uniformes en concertation avec les gouvernements des États parties. Le Secrétariat permanent les communique aux gouvernements des États parties qui disposent d'un délai de 90 jours pour procéder à l'examen du projet, faire des observations et proposer des amendements. Les projets d'actes uniformes, avec les observations des États parties, sont transmis par le Secrétariat permanent à la CCJA pour avis. Il met au point le texte définitif et le présente au Conseil des ministres pour adoption.

4) L'École Régionale Supérieure de la Magistrature (ERSUMA) : elle est chargée de la formation des magistrats et auxiliaires de justice.

[28] Le Secrétaire permanent n'est pas nommé par les chefs d'État, mais par le Conseil des ministres. Le siège du Secrétariat se trouve à Yaoundé.

CHAPITRE 2

RAPPORTS ENTRE LES ORGANISATIONS AFRICAINES, L'UA ET L'ONU

SECTION 1 : L'UNION AFRICAINE

Paragraphe I- Cadre juridique et institutionnel de l'Union africaine

A- Les objectifs et principes

La recherche de l'unité politique de l'Afrique et la création des conditions propices pour le développement socio-économique des peuples du continent ont été à la base de tous les combats menés par les dirigeants depuis le 23 mai 1963, date de la création de l'Organisation de l'Unité africaine (OUA).

L'un des défis auquel était confrontée l'OUA concernait la lutte pour l'indépendance des pays africains, l'apartheid, le panafricanisme et l'intégration. Elle a tant bien que mal obtenu des résultats assez significatifs dans ces domaines. Au plan politique, tout en permettant la libération du continent du colonialisme, l'OUA a construit un cadre unique pour une action collective africaine dans ses relations avec le reste du monde.

Aujourd'hui, le continent est surtout confronté aux défis de la paix et de la pauvreté entre autres. Au moment où existent le Mercosur, l'ALENA, L'ASEAN, l'Union européenne, etc., les États africains de dimension modeste n'ont aucune chance de compter dans l'économie mondiale s'ils ne prennent pas des mesures fortes visant l'intégration de leurs économies et la constitution d'un grand marché commun au sein duquel les hommes, les biens, les capitaux et les services pourraient circuler.

Sur le plan économique, l'idée de l'intégration qui découle de la constatation de l'exiguïté des marchés nationaux, peu compatibles avec le dimensionnement des industries modernes, a été à la base du Plan d'action et de la Déclaration de Lagos adoptés en 1980, ainsi que du Traité d'Abuja adopté le 3 juin 1991, dont l'objectif était la création d'un marché commun au bout d'un processus de 34 ans.

Avec la mondialisation et face aux nouveaux défis tels que la pauvreté, la criminalité transnationale organisée, la migration, etc., les pays africains devaient avoir une meilleure coordination. Le projet continental qui a mis en place l'Union africaine (UA) est fondé sur cette vision. L'UA, dont l'acte constitutif a été adopté en juillet 2000 à Lomé et est entré en vigueur le 26 mai 2001, est devenue l'institution fondamentale et la principale organisation du continent dans le domaine de la promotion de l'intégration socio-économique, de la paix et de la sécurité.

L'Union africaine a été effectivement adoptée le 11 juillet 2000[29]. Parmi les objectifs prévus à l'article 3 de la Charte, on peut citer :

---

[29] L'UA regroupe actuellement 55 États. Son siège se trouve à Addis-Abeba, en Éthiopie. Son acte constitutif a été adopté par la 36e Session ordinaire des chefs d'État et de gouvernement de l'OUA à Lomé (Togo), le 11 juillet 2000, et est entré en vigueur le 26 mai 2001. Il a adopté l'agenda 2063 de l'Union africaine (UA) lors du 24e sommet des chefs d'État et de gouvernement de l'Union africaine (UA) à Addis-Abeba les 30 et 31 janvier 2015. Il est une vision et plan d'action pour faire de l'Afrique un continent prospère et pacifique, un programme panafricain destiné à renforcer la coopération intra-africaine.

1- la réalisation d'une plus grande unité et solidarité entre les pays africains et peuples d'Afrique ;

2- l'accélération de l'intégration politique et socio-économique du continent ;

3- la promotion de la paix et de la stabilité sur le continent.

S'agissant des principes, ceux classiques ont été consacrés (principe de l'intangibilité des frontières héritées de la colonisation, règlement pacifique des différends, interdiction du recours à la force ou de menacer, de recourir à l'usage de la force entre les États membres, la condamnation et le rejet des changements inconstitutionnels de gouvernement). Des innovations peuvent être notées comme le droit de l'Union d'intervenir dans un État membre sur décision de la Conférence, dans certaines circonstances graves, à savoir les crimes de guerre, le génocide et les crimes contre l'humanité et le droit des États de solliciter l'intervention de l'Union pour restaurer la paix et la sécurité.

B- Les institutions de l'Union africaine

En ce qui concerne les organes, ils sont prévus à l'article 5 de la Charte :

- La Conférence de l'Union[30] :

Elle est composée des chefs d'État et de gouvernement ou de leurs représentants dûment accrédités. Elle est l'organe suprême de l'Union et se réunit au moins deux fois l'an en session ordinaire. Elle peut se réunir en session extraordinaire selon des conditions déterminées dans la Charte. Les actes qu'elle prend sont appelés « décisions ». Elles sont prises par consensus ou à défaut, à la majorité des 2/3 des États membres de l'Union. Toutefois, les décisions

[30] Voir art. 6 de l'Acte constitutif de l'UA sur la Conférence de l'Union.

de procédure, y compris pour déterminer si une question est de procédure ou non, sont prises à la majorité simple.

- Le Conseil exécutif :

Il est composé des ministres des Affaires étrangères ou de tout autre ministre ou autorité désigné par les gouvernements des États membres. Il prépare la Conférence, exécute les décisions et en assure le suivi. Il prend des décisions par consensus ou à défaut, à la majorité des 2/3 des États membres de l'Union. Toutefois, les décisions de procédure, y compris pour déterminer si une question est de procédure ou non, sont prises à la majorité simple.

- La Commission :

Elle est composée d'un président, d'un Vice-président et de huit commissaires[31]. Elle a remplacé le Secrétariat général de l'UA. Elle est l'autorité exécutive et dispose également d'un pouvoir d'initiative.

La Commission[32] de l'UA a été officiellement mise en place le 16 septembre 2003 et M. Mahamat Moussa Faki, ex-ministre des Affaires étrangères du Tchad, a été élu nouveau président de la Commission lors du 28e sommet de la Conférence des chefs d'État et de gouvernement de l'UA tenu à Addis-Abeba les 30 et 21 janvier 2017[33]. La

---

[31] Chaque commissaire a en charge un Département suivant : Paix et sécurité, Affaires politiques, Infrastructure et énergie, Affaires sociales, Ressources humaines, Sciences et technologie, Commerce et industrie, Économie rurale et agriculture, Affaires économiques.

[32] Le mandat des membres de la Commission est de 4 ans, renouvelable une fois. L'article 10 des statuts de la Commission de l'Union africaine dispose que la Conférence peut mettre fin au mandat de membres de la Commission pour la garantie du bon fonctionnement de l'Union.

[33] La Commission a connu pour l'instant 4 présidents : Alpha Oumar Konaré (ancien Président du Mali), Jean Ping (ancien ministre des Affaires étrangères du Gabon), Nkosazana Dlamini-Zuma (ancienne ministre des Affaires étrangères et de l'Intérieur d'Afrique du Sud)

Commission fait office de secrétariat de l'Union et a une ambition d'autonomie plus importante.

- Le Parlement panafricain :

Sa création a été décidée en mars 2004[34]. Il a actuellement un rôle consultatif. Il a pour objectif de :

* faciliter la mise en œuvre effective des politiques et objectifs de l'Union africaine ;

* promouvoir les principes des droits de l'homme et de la démocratie en Afrique ;

* encourager la bonne gouvernance, la transparence et l'obligation de rendre compte dans les États membres ;

* familiariser les peuples africains aux objectifs et politiques visant à intégrer le continent dans le cadre de la mise en place de l'Union ;

* promouvoir la paix, la sécurité et la stabilité ;

* contribuer à un avenir plus prospère pour les peuples africains en favorisant l'autosuffisance collective et le redressement économique ;

* faciliter la coopération et le développement en Afrique ;

* renforcer la solidarité continentale, créer un sentiment de destin commun parmi les peuples africains et faciliter la coopération entre les communautés économiques régionales et leurs forums parlementaires.

---

et Mahamat Moussa Faki, ancien ministre des Affaires étrangères du Tchad.

[34] Le Parlement panafricain a été créé par l'acte constitutif de l'UA en son article 14 et installé en mars 2004. Le siège qui se trouve à Midrand, en Afrique du Sud, a ouvert ses portes en septembre 2004 en Afrique du Sud. Ses membres devraient être élus au suffrage universel et son objectif ultime est de disposer de pouvoirs législatifs. Mais en attendant, ses membres viennent des parlements nationaux en raison de 5 élus parmi les députés, dont au moins une femme et un député de l'opposition.

- Le Conseil de paix et de sécurité (CPS) :

Il est chargé du maintien de la stabilité, de la promotion de la diplomatie préventive et de l'action humanitaire[35]. Créé en 2003, le Conseil de paix et de sécurité de l'Union africaine est composé de quinze États. Son premier sommet a eu lieu les 10 et 11 janvier 2005 à Libreville, au Gabon. Depuis lors, il gère de manière permanente les crises qui se déroulent dans le continent.

- Le Conseil économique, social et culturel (ECOSOCC) :

Organe consultatif, ses membres sont issus des différentes couches socioprofessionnelles des États membres.

- La Cour de justice :

C'est l'organe juridique principal de l'UA. Le Protocole déterminant son organisation et son fonctionnement a été adopté le 11 juillet 2003, à Maputo. Il entrera en vigueur après la ratification par les quinze États membres.

La cour sera composée de onze juges qui seront des ressortissants des États parties, mais la Conférence de l'Union peut, le cas échéant, réviser ce nombre à la hausse ou à la baisse. Elle a pour ambition de représenter les principales traditions judiciaires des États africains. Par sous-région du continent, nous avons deux juges. Et on ne peut pas avoir deux juges d'un seul pays à la Cour. Leur mandat est de six ans. Mais les cinq juges élus lors de la 1ère élection ont un mandat de 4 ans.

- Le Comité des représentants permanents (COREP])[36] :

Cet organe est composé de représentants permanents et d'autres plénipotentiaires des États membres. Ce comité est

---

35 Voir art. 5 (2) de l'Acte constitutif de l'UA et du Protocole relatif à la création du CPS du 9 juillet 2002.

36 Voir art. 21 de l'Acte constitutif de l'UA sur le COREP.

responsable de la préparation des travaux du Conseil exécutif et agit sur son instruction. Il peut instituer tout sous-comité ou groupe de travail qu'il juge nécessaire. Il est le cadre d'étude qui permet d'examiner, d'élaborer et de proposer des mécanismes qui vont aider l'union dans son processus d'intégration. Autrement, c'est le bureau d'étude ou l'organe technique du Conseil exécutif. Il remplace l'ancien Comité des ambassadeurs.

- Les Comités techniques spécialisés :

Sept comités techniques spécialisés sont créés. Ils sont responsables devant le Conseil exécutif et sont composés de ministres ou de hauts fonctionnaires chargés des secteurs relevant de leurs domaines respectifs de compétence.

a- le Comité chargé des questions d'économie rurale et agricole ;

b- le Comité chargé des affaires monétaires et financières ;

c- le Comité chargé des questions commerciales, douanières et d'immigration ;

d- le Comité chargé de l'industrie, de la science et de la technologie, de l'énergie, des ressources naturelles et de l'environnement ;

e- Le Comité chargé des transports, des communications et du tourisme ;

f- Le Comité chargé de la santé, du travail et des affaires sociales ;

g- Le Comité chargé de l'éducation, de la culture et des ressources humaines.

La Conférence peut, si elle le juge nécessaire, restructurer les comités existants ou en créer de nouveaux. Ces comités techniques spécialisés sont composés des ministres ou des hauts fonctionnaires chargés des secteurs relevant de leurs domaines respectifs de compétence.

Concernant les attributions des comités techniques spécialisés, chacun des comités, dans le cadre de sa compétence, a pour mandat de préparer des projets et programmes de l'Union, d'assurer le suivi et l'évaluation de la mise en œuvre des décisions prises par les organes de l'Union, d'assurer la coordination et l'harmonisation des projets et programmes de l'Union, de présenter des rapports et des recommandations au Conseil exécutif.

Chaque comité se réunit aussi souvent que nécessaire et établit son règlement intérieur, qu'il soumet au Conseil exécutif pour approbation.

- Les institutions financières :

Elles sont au nombre de trois. L'article 19 prévoit la création des institutions financières suivantes : la Banque centrale africaine, le Fonds monétaire africain et la Banque africaine d'investissements.

- Le Fonds monétaire africain est un organe qui devrait permettre la régulation d'échange monétaire qui est un cadre qu'on retrouve dans les organisations universelles, à l'instar du FMI.

- La Banque centrale africaine repose son mode d'action sur un contrôle de la liquidation bancaire et exerce la politique du refinancement (action sur l'offre de monnaie centrale) et l'imposition des réserves obligatoires (action sur la demande de monnaie centrale). La politique de refinancement est mise en œuvre sous forme d'avance sur titre et revêt deux formes : une action par les quantités (objectif de refinancement) et une action par taux d'intérêt. Même si ces institutions ne sont pas encore effectives, elles sont nécessaires.

Paragraphe II : Les innovations institutionnelles récentes de l'Union africaine

Dans le cadre du renforcement institutionnel de l'UA, deux structures pour la promotion de la bonne gouvernance et la lutte contre l'impunité méritent d'être citées. Il s'agit du Mécanisme africain d'évaluation par les pairs (MAEP) et de la Cour africaine de justice et des droits de l'homme et des peuples (CAJDHP).

A- Les enjeux du Mécanisme africain d'évaluation par les pairs (MAEP)

1- Enjeux

Il est généralement reconnu que le développement de l'Afrique et des programmes régionaux de coopération doit s'inscrire dans un contexte de bonne gouvernance économique et politique. C'est pourquoi l'UA a créé le Mécanisme africain d'évaluation par les pairs (MAEP) en mars 2003. Le MAEP est un programme accepté d'un commun accord et adopté volontairement par les États membres de l'Union africaine en vue de promouvoir et de renforcer des normes élevées de gouvernance. L'évaluation par les pairs est un mécanisme d'auto-évaluation. Le rôle du MAEP est de veiller à ce que les politiques et pratiques des États participants se conforment aux valeurs convenues dans les quatre domaines précis d'intervention suivants : démocratie et gouvernance politique, gouvernance économique, gouvernance des entreprises et développement socio-économique.

Il constitue une innovation des chefs d'État africains dans le cadre du NEPAD et permet d'évaluer la gouvernance dans chaque pays, d'identifier les dysfonctionnements et de proposer des mesures correctives dans quatre domaines : la démocratie, la gouvernance politique, la gouvernance d'entreprise, la gouvernance dans la gestion économique et le développement socio-économique.

Comme stipulé dans le mécanisme, il est procédé à des revues périodiques des pays participants afin d'évaluer les progrès enregistrés dans l'atteinte des objectifs arrêtés d'un commun accord.

Il est important de noter qu'aucune conditionnalité n'est liée au mécanisme d'évaluation par les pairs.

2- Fonctionnement du MAEP

Le Mécanisme africain d'évaluation par les pairs est constitué comme suit :

- le Comité des chefs d'État et de gouvernement participants (forum du MAEP) est la plus haute instance de décision du MAEP ;

- le groupe des personnalités éminentes supervise le processus d'évaluation afin d'en garantir l'intégrité. Il examine les rapports et fait des recommandations au forum du MAEP ;

- le secrétariat du MAEP fournit l'appui technique, administratif et sert d'organe de coordination au MAEP ;

- l'équipe des missions de revues pays visite les États membres afin d'évaluer les progrès et élabore un rapport MAEP sur le pays.

Le processus du MAEP s'intéresse à quatre domaines précis :

a- Démocratie et gouvernance politique

Ce domaine veille à ce que les constitutions des États membres reflètent les valeurs démocratiques, garantissent l'obligation de rendre compte et promeuvent la représentation politique permettant à tous les citoyens de participer au processus politique dans un environnement libre et équitable.

b- Gouvernance économique et gestion

La bonne gouvernance économique, qui comprend la transparence dans la gestion financière, est un prérequis essentiel à la promotion de la croissance économique et à la réduction de la pauvreté.

c- Gouvernance des entreprises

Ce domaine traite de la promotion des principes éthiques, des valeurs et pratiques conformes aux objectifs sociaux et économiques pour le bénéfice de tous les citoyens. Il s'attelle à la promotion d'un cadre solide pour une bonne gouvernance des entreprises.

d- Développement socio-économique

Il n'est possible de s'attaquer efficacement à la pauvreté qu'en encourageant la démocratie, la bonne gouvernance, la paix et la sécurité ainsi que le développement des ressources humaines et physiques.

3- Bilan et perspectives

À ce jour, 35 pays ont adhéré au MAEP et 17 autres se sont soumis au processus d'évaluation de la gouvernance. Pour sa part, le Sénégal a, depuis 2003, adhéré au MAEP. Il a enclenché le processus d'auto-évaluation du Mécanisme africain d'évaluation par les pairs et a produit un rapport avant fin décembre 2015.

Avec le lancement du processus au Sénégal, le dispositif institutionnel avait été mis en place avec l'installation de la

Commission nationale de gouvernance (CNG), qui a élu son président démocratiquement[37].

Pour réaliser le travail d'auto-évaluation, le pays a recruté des instituts techniques de recherche (ITR). Il a finalisé son recrutement avec 4 ITR et a terminé les consultations citoyennes menées par les membres de la CNG à travers des fora régionaux avec la participation des acteurs du développement local sur les enjeux du MAEP.

Il y a une première phase d'auto-évaluation et, dans la deuxième phase, des experts africains évaluateurs indépendants viendront dans le pays pour vérifier si les informations fournies sont conformes à la réalité. Et ce n'est qu'après cela que le Sénégal a produit son rapport d'évaluation, qui a été présenté au niveau du Secrétariat du MAEP qui se trouve à Midrand, à Johannesburg.

Il convient de signaler qu'en marge du 28e sommet de l'Union africaine qui a eu lieu à Addis-Abeba, les 30 et 31 janvier 2017, s'est tenu le 25ème sommet des chefs d'État et de gouvernement membres du Mécanisme africain d'évaluation par les pairs (MAEP), sous la présidence de Son Excellence M. Uhuru Kenyatta, chef de l'État du Kenya et président du forum du MAEP.

À cette occasion, le Sommet a pris connaissance des rapports d'évaluation de Djibouti, du Tchad, du Sénégal et du Kenya. Ce dernier pays en est à sa seconde génération d'évaluation. Les présentations usuelles se déroulent selon les séquences suivantes : la présentation du panéliste qui a supervisé l'évaluation du pays, le discours réponse du Président du pays concerné et les discussions ouvertes aux autres chefs d'État et de gouvernement.

[37] Le professeur agrégé de droit public Babacar Guèye avait dirigé la Commission nationale de gouvernance du Sénégal.

- Quelles perspectives pour le MAEP ?

Même si l'idée du MAEP est à saluer, il faudrait un travail de vulgarisation de ses activités auprès du public et un mécanisme de suivi évaluation avec plus de pouvoirs.

Le renforcement des moyens financiers du MAEP est également nécessaire pour éviter le blocage de ses activités. En effet, il a été constaté dans le passé des difficultés dans le financement du Mécanisme.

B- La Cour africaine de justice et des droits de l'homme

Il convient de relever ici une avancée majeure. L'instrument relatif à la future Cour africaine de justice et des droits de l'homme et des peuples, après d'âpres discussions, confère à cet organe de lutte contre l'impunité la mission de juger les crimes contre l'humanité, crimes de guerre et génocide, entre autres, qui relevaient de la compétence de la CPI ou des autres juridictions dites universelles et dont la capacité d'attraire des hauts responsables africains devant elles est de plus en plus contestée du fait d'une sélectivité. La fusion de la Cour des droits de l'homme et des peuples et de la Cour africaine de justice a permis la création d'une Cour africaine de justice et des droits de l'homme et des peuples. Ainsi, une juridiction pénale a été instituée en tant que Chambre spécialisée au sein de cette nouvelle structure judiciaire africaine.

1- Problématique et contexte de création

Compte tenu des relations difficiles entre l'UA et la CPI sur la question de l'immunité des chefs d'État, un projet d'extension de la compétence de la Cour africaine de justice et des droits de l'homme au volet pénal, qui permettrait à la Cour de poursuivre et juger les responsables de crimes graves, notamment de crimes contre l'humanité, crimes de guerre et génocide, a vu le jour. C'est ainsi qu'à l'issue des travaux des ministres de la Justice de l'Union africaine, les 15 et 16 mai 2014, proposition avait été faite d'amender l'article 46A bis du projet d'extension en y incorporant une clause qui interdirait toute poursuite pénale contre les chefs d'État et de gouvernement de l'UA en exercice, toute autre personne agissant ou habilitée à agir en cette qualité durant leur mandat et tout haut fonctionnaire de l'État selon ses fonctions.

Pour certains observateurs, l'Afrique croit devoir se doter enfin, d'un mécanisme interne, crédible et efficace, pour relever le défi de la marginalisation dont elle est l'objet en cette matière. Ainsi, le Protocole sur la Cour africaine de justice, des droits de l'homme et des peuples (CAJDHP) a été adopté le 27 juin 2014[38]. La fusion de la Cour des droits de l'homme et des peuples et de la Cour africaine de justice a permis la création d'une Cour africaine de justice et des droits de l'homme et des peuples (CAJDHP). De ce fait, la juridiction pénale en question a été instituée en tant que Chambre spécialisée, au sein de cette nouvelle structure judiciaire africaine. Cette option a l'avantage d'être moins coûteuse. Onze pays africains ont déjà signé le Protocole créant la CAJDHP.

2- Consécration de l'immunité de fonction

L'une des principales dispositions de ce Protocole est l'article 46A bis sur les immunités qui stipule qu'« aucune procédure pénale n'est engagée ni poursuivie contre un chef d'État ou de gouvernement de l'UA en fonction, ou toute personne agissant ou habilitée à agir en cette qualité ou tout autre haut responsable public en raison de ses fonctions ». L'extension à la Cour africaine des droits de l'homme avec les modifications apportées, une fois entrée en vigueur,

---

[38] Cf. décisions adoptées par la 23e session ordinaire de la Conférence tenue à Malabo en juin 2014 en Guinée Équatoriale sur la CAJDH.

sera-t-elle compatible avec l'article 27 de la CPI, accord ratifié par 34 États africains et qui consacre le défaut de la pertinence de la qualité officielle ? Rien ne précise si cet article pourra permettre à ces hautes autorités d'échapper à la CPI.

C'est pourquoi la 13e Session de l'Assemblée des États parties au Statut de Rome de la Cour pénale internationale tenue du 8 au 17 décembre 2014 au siège des Nations unies à New York a abordé la question concernant la poursuite des chefs d'État en exercice. Ainsi, lors de la dernière assemblée de cette session, les pays africains membres de la CPI ont rédigé une déclaration où ils réaffirment la volonté, déjà affichée par l'Union africaine (UA), de voir le statut de la Cour être modifié dans le but d'inclure l'immunité devant la CPI pour les responsables en exercice. Il n'est néanmoins pas sûr que des États parties puissent être favorables à cette modification, qui est également contestée par quelques États africains ainsi que des organisations internationales de défense des droits de l'homme. La crainte des organisations de droits de l'homme est que ces réformes en vue soient une manière d'encourager une impunité pour ceux qui commettent ces crimes graves, alors que les victimes sont toujours dans l'attente d'une justice.

Comme on le voit, la question concernant la poursuite des chefs d'État en exercice est d'une brûlante actualité. Compte tenu de l'importance des fonctions assignées au chef de l'État, l'Union africaine et les États africains veulent s'en tenir à l'immunité présidentielle temporaire reconnue par le droit international afin d'éviter de poursuivre des chefs d'État en exercice.

Malgré ces réformes, la priorité doit être le renforcement, par les États africains, de leurs propres systèmes judiciaires afin de disposer de cours et tribunaux suffisamment structurés et capables de rendre justice sans toujours chercher à recourir à l'extérieur. La justice pénale internationale est fondée sur le principe de subsidiarité et de complémentarité. Les tribunaux nationaux ont priorité sur la CPI pour connaître des infractions relevant du statut de Rome. La CPI n'intervient que si l'État en question ne peut pas ou ne veut pas régler l'affaire. Par conséquent, les États membres doivent renforcer leurs législations nationales pour le traitement des crimes de droits humains.

SECTION 2 : LES RELATIONS ENTRE L'UA ET LES ORGANISATIONS SOUS-RÉGIONALES AFRICAINES

La question des relations entre l'UA et les organisations sous-régionales se pose dans la mesure où de manière générale, elles œuvrent toutes au processus d'intégration. Le Traité d'Abuja de 1 991 créant la Communauté économique africaine (CEA) reconnaît les étapes sous-régionales comme nécessaires à sa construction[39].

La CEA est fondée sur l'effectivité des organisations sous-régionales.

Sous l'égide de l'Organisation de l'Unité africaine, les pays africains avaient pris un certain nombre d'initiatives et réalisé des progrès substantiels dans de nombreux domaines, ce qui a ouvert la voie à la création de l'Union africaine en 2000, à Lomé. Les CER sont les piliers sur lesquels repose l'UA. Au nombre des initiatives en faveur de l'intégration économique et commerciale, il convient de citer les suivantes :

- le Plan d'action de Lagos (PAL) et l'Acte final de Lagos, adoptés en avril 1980[40] qui définissent les

[39] L'article 91 du Traité créant la CEA prévoit l'élimination des incompatibilités si elles sont constatées.

[40] Voir Déclaration du Secrétaire exécutif de la CEA, le 14 juillet 1964 ; GONIDEC, P. F., *Les organisations internationales africaines*, Paris, L'Harmattan, 1987.

programmes et les stratégies visant à promouvoir un développement et une coopération entre les pays africains. Ce plan avait trois objectifs :

a) une croissance économique forte et durable ;

b) la transformation des structures économiques et sociales,

c) une base de ressource durable.

- Le Programme prioritaire de redressement économique en Afrique (PPREA), adopté en 1985, qui est un programme d'urgence visant à faire face à la crise des années 1980 dans le domaine du développement, à la suite de la longue période de sécheresse et de famine qui a sévi sur le continent et de l'effet paralysant de la dette extérieure africaine.

- Le Traité instituant la Communauté économique africaine (CEA), adopté en 1991 et plus communément connu comme le Traité d'Abuja, qui vise à mettre en place la CEA en six étapes devant aboutir à un marché commun africain dont les piliers sont les CER. Le Traité est en vigueur depuis 1994.

- Le Nouveau partenariat pour le développement de l'Afrique (NEPAD), adopté lors du Sommet de Lusaka (Zambie), en tant que programme de l'Union africaine, etc. En tout état de cause, il ne devrait pas y avoir d'incompatibilités entre l'UA et les Communautés économiques régionales (CER) dans la mesure où la CEA doit aboutir à un marché commun africain avec comme piliers les CER.

Aussi, dans le domaine de l'intégration, l'UA devrait encourager les CER à atteindre leurs objectifs pour faciliter la mise en place de la CEA. Elle devrait également encourager les stratégies de coopération entre CER axées sur le développement des infrastructures routières et ferroviaires.

Dans le domaine de la paix et de la sécurité, l'Union africaine à travers le Conseil de paix et de sécurité (CPS) et les organisations sous-régionales (CEDEAO, CEAO, SADC, IGAD, COMESA, UMA) se concertent généralement dans le règlement des conflits. Le renforcement du partenariat dans le domaine de la lutte contre le terrorisme est aujourd'hui plus que nécessaire.

SECTION 3 : LES RELATIONS ENTRE L'ONU ET LES ORGANISATIONS AFRICAINES DANS LE DOMAINE DE LA PAIX ET DE LA SÉCURITÉ

L'amélioration de l'intervention des Nations unies en Afrique passe nécessairement par le renforcement de ses relations avec les organisations régionales[41]. On ne saurait y voir de concurrence, mais une complémentarité et une décentralisation dans la gestion des conflits.
En outre, une meilleure efficacité peut consister à envisager l'ONU comme un creuset de tous les efforts de prévention qui devrait collaborer davantage avec d'autres acteurs.

Paragraphe 1 - L'institutionnalisation de la coopération avec les organisations africaines dans le règlement des conflits

L'institutionnalisation de cette coopération est prévue par la Charte des Nations unies. Une nouvelle étape dans cette coopération n'est-elle pas nécessaire ?

---

[41] Les textes officiels des Nations unies ne donnent aucune définition précise de la notion d'organisation régionale. On peut se référer à l'une des nombreuses interprétations données à cette notion, celle de M. Van Kleffens : « un accord régional, en tant que pacte, est une association volontaire d'États souverains d'une certaine aire ou ayant des intérêts communs dans cette aire avec des buts communs, qui ne soient pas de nature belliqueuse, en rapport avec cette aire » (E. N. Van Kleffens, « Regionalism and political pacts », *INAJIl*, vol. 43, oct. 1949, p. 668-669).

A- Le fondement

La Charte des Nations unies n'a pas voulu porter atteinte aux organisations régionales dans lesquelles le règlement des différends est organisé. Le chapitre VIII est consacré aux accords régionaux. En effet, l'article 52 dispose à cet effet « qu'aucune disposition de la présente Charte ne s'oppose à l'existence d'accords ou d'organismes régionaux destinés à régler les affaires qui, touchant au maintien de la paix et de la sécurité internationales, se prêtent à une action à caractère régional, pourvu que ces accords ou ces organismes et leurs activités soient compatibles avec les buts et les principes des Nations unies ». Les Nations unies disposent cependant de l'autorité sur les organisations régionales. Ainsi, l'article 53 de la Charte va dans ce sens en disposant que « le Conseil de sécurité utilise, s'il y a lieu, les accords ou organismes régionaux pour l'application des mesures coercitives prises sous son autorité. Toutefois, aucune action coercitive ne sera entreprise en vertu d'accords régionaux ou par des organismes régionaux sans l'autorisation du Conseil de sécurité… ». Il doit également en tout temps être tenu pleinement au courant de toute action entreprise ou envisagée en vertu d'accords régionaux ou par des organismes régionaux pour le maintien de la paix et de la sécurité internationales.

En dehors du chapitre VIII de la Charte, d'autres résolutions pertinentes (1625 (2005) et 1631 (2005)) et Déclarations de son président (PRST/2006/39) viennent compléter le cadre juridique de la coopération avec les organisations régionales. L'idée de renforcer les relations de coopération avec les organisations régionales dans le domaine de la paix était d'abord celle de Javier Pérez de Cuéllar, mais c'est son successeur, Boutros Boutros-Ghali, qui l'a principalement mise en œuvre[42]. Le traitement des questions à l'échelon local par les organisations recèle beaucoup d'avantages, car elles sont de la zone et peuvent mieux intégrer les réalités locales.

La dynamique qui s'est créée notamment par la création du Conseil de paix et de sécurité de l'UA n'a-t-elle pas rendu quelque peu dépassée l'approche qui régissait naguère la coopération entre les deux organisations ? Il importe de franchir une nouvelle étape dans le renforcement des relations entre l'ONU et les organisations régionales.

B- Pour une nouvelle étape dans le renforcement des relations entre l'ONU et les organisations régionales

Actuellement, plusieurs formes de coopération classiques sont en cours, qui vont de la consultation et l'échange d'information à l'appui diplomatique, à l'appui opérationnel, au codéploiement et opérations conjointes (CEDEAO et Mission des Nations unies au Liberia, Missions des Nations unies et de l'OEA en Haïti et de l'ONU et de l'OUA au Congo, etc.).

Il convient de saluer la concertation entre les secrétariats des deux organisations, Conseil de sécurité des nations unies et le Conseil de paix et de sécurité de l'UA. Le fait que le Conseil de sécurité tienne généralement compte du point de vue et des décisions de l'UA ou de ses organisations régionales est à perpétuer.

Cette coopération est à encourager, mais elle doit mettre l'accent sur certains aspects plus actuels (terrorisme, criminalité transnationale organisée…). La difficulté qui se pose à l'UA est qu'elle n'a pas pour l'instant ni les moyens financiers ni l'expertise pour maintenir ou gérer les

---

[42] M. Boutros Boutros-Ghali s'était prononcé pour une décentralisation de la paix, agenda pour la paix, 1992 et suppl. 1995.

opérations multidimensionnelles et complexes. Il importe, selon nous, pour l'ONU, de mettre l'accent sur le renforcement des capacités de l'UA, notamment dans le domaine du maintien de la paix, ceci en termes de moyens financiers pour le Fonds de l'Union africaine pour la paix et de moyens logistiques pour les casques verts. Il serait également opportun, dès lors, que le Conseil de sécurité donne une autorisation régionale, que celle-ci soit traitée comme opération de l'ONU dans toutes ses implications, y compris le financement au titre du budget de l'ONU. Cette solution n'est pas facile, mais elle n'est pas non plus insurmontable, pour peu que la volonté politique existe. La modification des règles qui régissent les budgets des opérations de maintien de la paix des Nations unies de façon à permettre à l'Organisation de décider, à titre vraiment exceptionnel, de financer au moyen de contributions obligatoires des opérations régionales autorisées par le Conseil de sécurité, va dans le sens de ses améliorations.

Ainsi, la dynamique créée par le Conseil de paix et de sécurité de l'UA et qui témoigne d'une volonté manifeste des dirigeants africains de régler les conflits doit amener l'ONU à mettre un accent particulier sur le renforcement de l'UA à maintenir la paix. Pour une meilleure prévention, l'ONU devrait s'appuyer également sur les autres acteurs intervenant dans le règlement des conflits. Cela pourrait se faire au moyen d'une coordination et d'une collaboration avec d'autres acteurs.

Paragraphe 2 : Pour une meilleure coordination et collaboration avec d'autres acteurs intervenant dans le règlement des conflits

En raison de la multiplicité des intervenants, l'ONU pourrait être le creuset de tous les efforts gouvernementaux de prévention. En outre, une meilleure collaboration avec d'autres acteurs semble également nécessaire.

A- Les Nations unies comme un creuset des efforts de prévention

La prévention des conflits armés en Afrique fait intervenir parfois plusieurs acteurs des relations internationales. Cependant, ce qui fait encore défaut, c'est une véritable coordination des actions allant dans ce sens. Il va sans dire qu'une réussite des actions préventives peut être l'instauration d'une véritable coopération entre tous les acteurs dont les actions s'inscrivent au chapitre de la prévention.

L'alerte rapide et l'analyse font intervenir un large éventail d'entités, notamment les ambassades et les services de renseignement, les forces de maintien de la paix des Nations unies, les ONG qui s'occupent de secours et d'aide au développement, les groupes nationaux et internationaux de défense des droits de l'homme, le Comité international de la Croix-Rouge (CICR), des groupes religieux, des universitaires et des médias. La qualité des renseignements est variable et la coordination entre ces groupes est rudimentaire, sinon inexistante. Il faut du temps pour que ces organisations apprennent à mieux coordonner leurs actions, à mobiliser leurs mandats à l'échelle mondiale et faire bouger les gouvernements.

De même, il convient de noter que les organisations régionales comme l'Union européenne, l'UA ou la CEDEAO se sont dotées de dispositifs de prévention. Le siège de l'ONU est souvent désigné comme le lieu où, logiquement, il conviendrait de centraliser l'alerte rapide. L'ONU pourrait servir de cadre à une telle démarche en raison de son caractère universel : le groupe d'étude sur les opérations de paix de l'Organisation des Nations unies, parmi tant d'autres entités, préconise dans son rapport que cette fonction de centre d'échange soit confiée à l'ONU. La mise en place d'un système d'alerte rapide et la mobilisation des moyens gouvernementaux existants sont des idées intéressantes qui méritent d'être approfondies, mais il convient d'être réaliste quant à la volonté des États de divulguer des informations qui risquent de compromettre leurs propres réseaux de renseignement, ainsi qu'à la fiabilité de ces informations. Afin que le Secrétaire général soit mieux équipé pour fournir au Conseil de sécurité une information rapide et exacte sur les zones sujettes à conflits, il conviendrait de créer un service qui serait spécialement chargé de recevoir et d'analyser l'information sensible émanant des États membres, des organisations régionales et d'autres sources et qui relèverait directement du Secrétaire général. L'effectif de ce service serait composé d'un petit nombre de spécialistes formés à la prévention des conflits. La prévention des conflits n'est toutefois pas l'apanage des seuls acteurs publics. La collaboration avec d'autres acteurs non étatiques s'impose également.

B- La collaboration avec d'autres acteurs internationaux dans la résolution des conflits

La contribution de certains acteurs dans la résolution des conflits n'est plus à démontrer. Leur intervention favorise l'exploration de nouvelles voies de règlement. Le Secrétaire général des Nations unies disait que les ONG, dont certaines ont les ressources perfectionnées, sont souvent les intervenants les mieux placés sur le territoire pour s'acquitter des tâches allant de la prestation la plus simple à l'aide humanitaire. Leur contribution est essentielle et peut coûter moins cher que si elle est fournie par un personnel rémunéré. Bien entendu, l'action des ONG se heurte à des obstacles liés à la coordination entre les différents organismes[43].

Il convient de remarquer qu'aucune collaboration avec des organismes non gouvernementaux n'est explicitement prévue[44]. L'ONU devrait collaborer davantage avec certaines organisations internationales comme l'Organisation Internationale de la Francophonie (OIF), l'OTAN, l'OCI, etc., dans le domaine de la prévention et de la consolidation de la paix, dans le renforcement des moyens pour les opérations de maintien de la paix ainsi que dans la formation linguistique des contingents.

En outre, les acteurs non gouvernementaux (les ONG, la société civile, les femmes) devraient être mieux associés aux efforts de prévention et de consolidation de la paix. Ces acteurs sont parfois bien placés et influents pour jouer un rôle décisif sur le plan politique. Ainsi, l'ONU doit établir une meilleure coopération avec ces acteurs non étatiques afin de valoriser son action.

---

43 Voir les extraits d'un document de travail rédigé par le Secrétaire général sur l'influence de la coalition des ONG « International Alert », intitulé « Les agences humanitaires et conflits armés » (Humanitarian agencies and armed conflicts), éd. Ploughshares Monitor, décembre 1994, p. 17.

44 Hervé CASSAN, « L'ONU et la diplomatie des conflits », séminaire à l'Institut des hautes études internationales.

DEUXIÈME PARTIE

ACQUIS, FAIBLESSES ET DÉFIS PRIORITAIRES DE L'INTÉGRATION

CHAPITRE 1

ACQUIS ET FAIBLESSES

SECTION 1 : ACQUIS DES ORGANISATIONS D'INTÉGRATION

Les principaux acquis des organisations d'intégration sont relatifs à la mutualisation des forces découlant de la représentation régionale, aux avancées dans la libre circulation des personnes, des biens et des services, aux résultats notables dans la réalisation de l'Union économique et monétaire du Marché commun ainsi qu'au bilan mitigé de l'architecture africaine de Paix et de sécurité.

Paragraphe 1 : La représentation : De l'intégration à la supranationalité

A- La mutualisation des forces

Le premier avantage des organisations d'intégration est la mutualisation de leurs forces. Il s'agit d'institutions supranationales qui parlent, agissent et négocient au nom des États. Ne dit-on pas souvent que l'union fait la force ? La fonction de représentation des organisations internationales africaines permet de mutualiser leurs forces auprès des autres partenaires extérieurs. Il est important que lors des négociations internationales sur des sujets de gouvernance mondiale, les États soutiennent leurs positions à travers les OCA, ce qui leur donnerait plus de poids face à leurs partenaires extérieurs.

B- Les modalités de la représentation

Elle est l'une des missions les plus anciennes assignées aux représentations diplomatiques. Elle consiste à participer à certaines activités publiques, à traiter au nom de l'organisation des questions qui intéressent celle-ci, à exprimer sa volonté et ses vues. L'organisation doit exercer sa fonction de représentation en conformité avec la politique définie par la Conférence des chefs d'État et de gouvernement.

Pour le cas de l'UA, elle a engrangé des acquis lisibles au bout d'une quinzaine d'années d'existence, notamment en devenant le porte-voix du continent, la mise en synergie des moyens et des compétences du continent pour faire face aux défis de la mondialisation y compris dans les négociations internationales sur les questions commerciales. Elle a également obtenu dans certains cas des résultats non négligeables dans le domaine du maintien de la paix, nécessaire au développement apaisé du continent. À l'instar de l'Union africaine, la CEDEAO et l'UEMOA assurent cette fonction de représentation qui est un atout. Ayant une personnalité juridique propre, une autonomie et une indépendance, les organisations ont des relations extérieures avec les acteurs étatiques et non étatiques.

Paragraphe 2 : Des avancées dans la libre circulation des personnes, des biens et des services

La CEDEAO et l'UEMOA ont fait des avancées en matière de circulation des personnes et des biens. L'Union africaine vient de prendre une mesure symbolique pour favoriser la libre circulation des personnes dans le continent.

Dans le cadre du marché commun basé sur la libre circulation des personnes, des biens, des services, des capitaux et le droit d'établissement des personnes exerçant une activité indépendante ou salariée, la CEDEAO et l'UEMOA ont élaboré des cadres juridiques importants.

A- Les textes juridiques de l'UEMOA sur la libre circulation des personnes, des biens et des services

Le Traité de l'UMOA de 1973 ne prévoyait pas de dispositions pertinentes sur la liberté de circulation, d'établissement et de résidence. C'est le nouveau Traité de l'UEMOA de 1994 qui stipule en son article 4 paragraphe c, que les États membres s'engagent à créer un marché commun basé sur la libre circulation des personnes, des biens, des services, des capitaux et le droit d'établissement des personnes exerçant une activité indépendante ou salariée, ainsi que sur un tarif extérieur commun et une politique commerciale commune.

C'est ainsi qu'en vertu des articles 91 et 92 du Traité, la Commission avait élaboré un projet de règlement sur la liberté de circulation des personnes, de résidence, de prestation de services et le droit d'établissement au sein de l'Union.

À l'issue du Sommet de décembre de 1999, la CCEG a adopté une déclaration intitulée « Relever, ensemble, dans la solidarité, le défi du troisième millénaire », qui avait retenu comme objectif la détermination, d'ici la fin de l'an 2000, des modalités de jouissance effective des libertés de circulation et de résidence des personnes ainsi que du droit d'établissement.

Aujourd'hui, les textes qui réglementent la libre circulation des personnes, des biens et des services ont été adoptés depuis 2005. Ceux qui régissent la libre circulation des personnes sont :

- la directive n° 01/2005/CM/UEMOA en date du 16 septembre 2005 sur l'égalité de traitement des étudiants ressortissants de l'UEMOA dans la détermination des conditions et des droits d'accès aux institutions publiques d'enseignement supérieur des États membres de l'union ;

- la directive n° 06/2005/CM/UEMOA en date du 16 décembre 2005 relative à la libre circulation des médecins ressortissants de l'Union au sein de l'espace UEMOA ;

- la directive n° 07/2005/CM/UEMOA du 16 décembre 2005 relative à la libre circulation des architectes ressortissants de l'Union au sein de l'espace UEMOA ;

- le règlement n° 05/2006/CM/UEMOA en date du 2 mai 2006 relatif à la libre circulation des experts comptables et des comptables agréés ressortissants de l'Union au sein de l'espace UEMOA ;

- le règlement n° 10/2006/CM/UEMOA en date du 25 juillet 2006 relatif à la libre circulation des avocats ressortissants de l'Union au sein de l'espace UEMOA ;

- la directive n° 06/2008/CM/UEMOA en date du 26 juin 2008 relative à la libre circulation des pharmaciens ressortissants de l'Union au sein de l'espace UEMOA ;

- la directive n° 07/2008/CM/UEMOA en date du 26 juin relative à la libre circulation des chirurgiens-dentistes ressortissants de l'Union au sein de l'espace UEMOA ;

- l'acte additionnel n° 01/2009/CCEG/UEMOA en date du 17 mars 2009 instituant une politique commune de l'UEMOA dans le domaine de la libre circulation des personnes non ressortissantes de l'Union.

Les textes régissant la libre circulation des services sont généralement combinés aux textes relatifs à la libre circulation des personnes. En d'autres termes, ces textes régissent aussi la libre circulation des services et de leur établissement. Il s'agit de :

- la directive n° 01/2005/CM/UEMOA en date du 16 septembre 2005 sur l'égalité de traitement et service des étudiants ressortissants de l'UEMOA dans la détermination des conditions et des droits d'accès aux institutions publiques d'enseignement supérieur des États membres de l'Union ;

- la directive n° 06/2005/CM/UEMOA en date du 16 décembre 2005 relative à la libre circulation des services des médecins ressortissants de l'Union au sein de l'espace UEMOA ;

- la directive n° 07/2005/CM/UEMOA du 16 décembre 2005 relative à la libre circulation des services des architectes ressortissants de l'Union au sein de l'espace UEMOA ;

- le règlement n° 05/2006/CM/UEMOA en date du 2 mai 2006 relatif à la libre circulation des services des experts comptables et des comptables agréés ressortissants de l'Union au sein de l'espace UEMOA ;

- le règlement n° 10/2006/CM/UEMOA en date du 25 juillet 2006 relatif à la libre circulation des services des avocats ressortissants de l'Union au sein de l'espace UEMOA ;

- la directive n° 06/2008/CM/UEMOA en date du 26 juin 2008 relative à la libre circulation des services des pharmaciens ressortissants de l'Union au sein de l'espace UEMOA ;

- la directive n° 07/2008/CM/UEMOA en date du 26 juin relative à la libre circulation des services des chirurgiens-dentistes ressortissants de l'Union au sein de l'espace UEMOA, dont la mise en œuvre a commencé le 31 décembre 2009 ;

- l'acte additionnel n° 01/2009/CCEG/UEMOA en date du 17 mars 2009 instituant une politique commune de l'UEMOA dans le domaine de la libre circulation des services et séjour des personnes non ressortissantes de l'union ;

- le règlement n° 06/2009/CM/UEMOA du 26 juin 2009 portant reconnaissance mutuelle des visas délivrés par les États membres de l'UEMOA. L'article 96 du Traité dispose que « les restrictions aux mouvements, à l'intérieur de l'Union, des capitaux appartenant à des personnes résidant dans les États membres, sont interdites ».

Cela signifie qu'en principe, l'argent doit circuler librement au sein de l'espace UEMOA. Il convient de signaler que la libre circulation des capitaux a des liens étroits avec le droit d'établissement et la libre prestation de service, car l'un est souvent le préalable de l'autre. Toutefois, il faut noter que le Traité ne définit pas la notion de capital. Pour une tentative de définition, on pourrait se référer au dictionnaire Larousse qui le définit comme étant « un ensemble de moyens financiers et techniques dont dispose une entreprise industrielle et commerciale et qui peuvent générer d'autres richesses ».

Les premiers textes juridiques consacrés à la libre circulation des capitaux ont été adoptés depuis 2002 en application des articles 96 et 97 du Traité. Ce sont notamment :

- la directive n° 01/2002/CM/UEMOA en date du 23 mai 2002 relative à la transparence des relations financières d'une part entre les membres et les entreprises publiques et d'autre part entre les États membres et les organisations internationales ou étrangères ;

- le règlement n° 14/2002/CM/UEMOA en date du 19 septembre 2002 relatif au gel des fonds et autres ressources financières dans le cadre de la lutte contre le financement du terrorisme dans les États membres de l'UEMOA ;

- la directive n° 07/2002/CM/UEMOA en date du 19 septembre 2002 relative à la lutte contre le blanchiment de capitaux dans les États membres de l'UEMOA ;

- la directive n° 04/2007/CM/UEMOA en date du 4 juillet 2007 relative à la lutte contre le financement du terrorisme dans les États membres de l'UEMOA ;

- la décision n° 09/2008/CM/UEMOA en date du 28 mars 2008 portant modification de la décision n° 09/2007 du 6 avril 2007 relative à la liste des personnes, entités, ou organismes visés par le gel des fonds et autres ressources financières dans le cadre de la lutte contre le terrorisme dans les États membres de l'UEMOA.

Ainsi, en matière de liberté de circulation, ces principes portent sur l'abolition entre les ressortissants des États membres de toute discrimination fondée sur la nationalité, sur la recherche et l'exercice d'un emploi, à l'exception des emplois dans la fonction publique, le droit de se déplacer et de séjourner sur le territoire de l'ensemble des États membres, le droit de continuer à résider dans un État membre après y avoir exercé un emploi. La libre circulation se définit ici comme la possibilité pour les ressortissants d'un État membre de l'UEMOA de circuler librement sur le territoire de l'Union, simplement avec une pièce d'identité. Cette démarche s'est traduite par l'adoption par l'UEMOA, depuis 2005, de plusieurs textes communautaires, autour des axes suivants : l'accès aux institutions publiques d'enseignement supérieur des États membres, dans des conditions de traitement égal pour les ressortissants de l'Union, le droit d'établissement, dans son volet relatif au libre exercice des professions libérales, l'institution d'un visa communautaire pour les personnes non ressortissantes de l'UEMOA et de la CEDEAO, et la construction de postes de contrôle juxtaposés aux frontières des États membres de l'UEMOA.

Dans le domaine de l'Éducation et de l'Enseignement supérieur, le système est suffisamment avancé. La directive n° 1/2005/CM/UEMOA du 16 septembre 2005 vise à établir une égalité de traitement des étudiants ressortissants de l'Union à l'entrée des institutions publiques d'enseignement supérieur des États. C'est ainsi que, depuis la rentrée universitaire 2008-2009, tout ressortissant d'un État membre de l'UEMOA qui désire s'inscrire et poursuivre des études ou parfaire sa formation dans un établissement public d'enseignement supérieur d'un pays de l'UEMOA, autre que celui de son pays d'origine, doit le faire dans les mêmes conditions que le ressortissant de ce pays. Ainsi, les ressortissants des États membres de l'UEMOA devront s'acquitter des frais d'inscription, de scolarité et des œuvres universitaires de même montant que les nationaux. D'autre part, en vue de consolider cette disposition facilitant la mobilité des étudiants, l'UEMOA a adopté le 4 juillet 2007, la Directive n° 03/2007/CM/UEMOA instituant le système LMD (Licence-Master-Doctorat)[45].

---

[45] Le système LMD implique l'adoption, par les États membres, d'une architecture des études supérieures fondée principalement sur trois grades universitaires à savoir : la licence (baccalauréat +3 ou 180 crédits), le master (baccalauréat +5 ou 300 crédits) et le doctorat (baccalauréat +8 ou 480 crédits), d'un découpage des périodes de formation en semestres de 30 crédits chacun, d'une organisation des formations en parcours types et en unités d'enseignement, d'un système de crédits capitalisables et transférables d'une institution d'enseignement supérieur à une autre sur l'étendue du territoire de l'Union, de la délivrance d'un supplément au diplôme décrivant le parcours de l'apprenant-cadre de référence des diplômes délivrés dans toutes les universités et établissements d'enseignement supérieur de l'Union. En matière de droit d'établissement, l'objectif est de créer les conditions d'un libre accès aux activités non salariées et leur exercice, et la liberté de constitution et de gestion d'entreprises. Les textes actuellement adoptés par l'Union concernent les médecins, les architectes, les experts comptables et

Par ailleurs, en vue de la mise en œuvre des postes de contrôle juxtaposés, d'importants efforts ont été réalisés. C'est ainsi qu'après la mise en service du poste de contrôle juxtaposé sur la frontière nigéro-burkinabé à Makalondi, il a été procédé à l'inauguration des postes de contrôle juxtaposés entre le Niger et le Bénin, à Malanville, etc. Les objectifs visés à travers la mise en place des postes de contrôle juxtaposés (PCJ) sont d'améliorer la compétitivité des économies des États membres de la sous-région en rendant les échanges interrégionaux plus fluides par l'élimination des barrières tarifaires, de regrouper des services de contrôle sur un même site aux frontières, par juxtaposition (*one stop*), d'améliorer les conditions de travail des services de contrôle aux frontières, ainsi que d'accélérer le contrôle aux frontières et réaliser des gains de temps, dans le but de lever les entraves à la libre circulation des personnes et des biens au niveau des postes frontaliers.

B- Les protocoles sur la libre circulation, le droit de résidence et d'établissement de la CEDEAO

Dans le cadre de la CEDEAO, plusieurs dispositions du Traité énoncent la liberté de circulation des personnes. L'article 59 dispose que les citoyens de la Communauté ont le droit d'entrée, de résidence et d'établissement, et les États membres s'engagent à reconnaître ces droits aux citoyens de la Communauté sur leurs territoires respectifs, conformément aux dispositions des protocoles y afférents. La CEDEAO a obtenu des résultats appréciables dans le domaine de la libre circulation, du droit de résidence et d'établissement. Le cadre juridique de la liberté de mouvement, de la liberté de circulation, du droit de

---

comptables agréés, les avocats, les pharmaciens et les chirurgiens-dentistes. Il s'y ajoute aussi l'institution d'un visa communautaire pour les personnes non ressortissantes de l'UEMOA et de la CEDEAO.

résidence et du droit d'établissement a fait l'objet d'une réglementation progressive comprenant trois protocoles, adoptés en 1979, 1986 et 1990.

1- Définition, étendue et domaine d'application

Mettre en place un espace sans frontières au sein duquel chaque ressortissant d'un État membre se sentirait partout, dans chacun des autres États membres, comme dans son propre pays, tels sont les principaux objectifs que s'est assignés la CEDEAO.

La libre circulation des personnes et le droit d'établissement constituent le fondement de l'intégration. L'application des dispositions du Protocole sur la libre circulation et le droit de résidence et d'établissement a connu des avancées significatives, dès lors que les citoyens peuvent maintenant voyager sans visa dans la région et que le droit de résidence et d'établissement est appliqué dans de nombreux cas.

Les textes de la CEDEAO sont clairs et sans ambages sur le droit de tout ressortissant de la Communauté de circuler d'un pays membre à l'autre, sans avoir à solliciter une quelconque autorisation pour passer telle ou telle frontière, car ils prévoient, en effet, la libre circulation des personnes et de leurs biens. À l'exclusion de ceux qui entrent dans la catégorie des immigrants inadmissibles aux termes des lois et règlements en vigueur dans chaque pays, tout autre citoyen de la Communauté désirant séjourner dans un pays membre, pour une durée ne pouvant excéder quatre-vingt-dix jours, peut le faire sans avoir à présenter un visa. Il lui suffit, tout simplement, d'avoir par-devers lui un document de voyage en bonne et due forme et des certificats internationaux de vaccination en cours de validité. Il n'y a plus de poste-frontière où il est réclamé au voyageur communautaire un visa ou un permis d'entrée.

Ainsi, le Protocole du 29 mai 1979 prescrit notamment le droit pour tout citoyen d'un État membre désireux de se rendre dans un autre État membre, de voyager sans avoir à présenter un visa si le séjour ne dépasse pas quatre-vingt-dix jours (article 3). La disposition est étendue aux véhicules particuliers et dans une moindre mesure (séjour inférieur à quinze jours), aux véhicules à usage commercial. Ce principe de liberté de mouvement garantit le fait que l'expulsion d'un citoyen communautaire soit subordonnée à la notification de la mesure à l'intéressé ainsi qu'à l'État dont il est ressortissant et au Secrétaire exécutif de la Communauté (article 11). À cet effet, la sécurité de l'expulsé et celle de sa famille doivent être garanties.

Quant au Protocole du 1er juillet 1986, il est relatif au droit de résidence, qui est défini comme le « droit reconnu à un citoyen ressortissant d'un État membre de demeurer dans un État membre autre que son État d'origine et qui lui a délivré une carte ou un permis de résidence pour y occuper ou non un emploi ». Ce droit comporte celui de répondre à des offres d'emploi, de se déplacer, de séjourner et de résider dans un État membre afin d'exercer un emploi. Il garantit l'obtention d'un permis de résident, dont le Protocole décrit la procédure de délivrance (titre III). Si la carte du résident doit être sollicitée auprès des autorités nationales qui disposent, à cet égard, d'un pouvoir discrétionnaire d'octroi ou de refus, celle-ci n'en reste pas moins une carte CEDEAO, portant l'emblème de la Communauté qui en fixe au demeurant la durée de validité (trois ans) et les conditions de retrait (condamnation à une peine d'emprisonnement pour crime ou délit).

Le Protocole de 1986 évoque, d'autre part, la situation des travailleurs frontaliers, saisonniers et itinérants, ainsi que, de nouveau, les garanties contre les expulsions collectives et arbitraires (titre V). Le texte affirme l'interdiction des expulsions en masse qui doit s'appuyer sur un fondement individuel. L'expulsion est soumise à des conditions (article 14).

Enfin, le Protocole du 29 mai 1990 est consacré au droit d'établissement. Il est défini comme celui qui est reconnu à tout citoyen, ressortissant d'un État membre, de s'installer ou de s'établir dans un État membre autre que son État d'origine, d'accéder à des activités économiques, de les exercer ainsi que de constituer et de gérer des entreprises notamment des sociétés dans les conditions définies par la législation de l'État membre d'accueil pour ses propres ressortissants (article 1er). Il recouvre notamment l'accès aux activités non salariées ainsi que la constitution et la gestion d'entreprise, lesquelles sont assimilées aux personnes physiques ressortissantes des États membres. La réglementation des investissements afférant à ces activités doit être guidée par le principe du traitement « juste et équitable » et en conséquence, par l'exclusion de toute mesure d'expropriation ou de confiscation sur des bases discriminatoires (article 7). Le droit d'établissement comporte un autre corollaire : la reconnaissance mutuelle des diplômes et certificats délivrés par les États membres.

Il convient de signaler que le 12 mai 2000, il avait été décidé de la création d'un passeport ouest-africain qui coexistait parallèlement avec le « carnet de voyage CEDEAO », imaginé dans un premier temps. Aujourd'hui, la CEDEAO a adopté, en 2016, la carte d'identité biométrique, qui est non seulement un document de voyage, mais qui remplacera aussi le permis de séjour.

2. Les exceptions, entraves et recommandations

Des exceptions et des entraves sont notées au principe de la libre circulation des personnes, des biens et des services. Certaines recommandations pourraient être pertinentes pour améliorer le mécanisme.

- Les exceptions

La libre circulation des personnes et des biens reste confrontée à des obstacles divers. Les textes internationaux réservent certains domaines à la compétence exclusive des États. Le Traité de l'UEMOA consacre des secteurs où l'étranger doit, ou en tout cas peut, être traité différemment du national. C'est le cas en matière d'exercice du pouvoir de police, d'exclusion des emplois de la fonction publique et de la protection de la santé publique comme lors de l'épidémie d'Ebola. En effet, l'exercice du pouvoir de police peut servir de motif aux États pour s'opposer à la présence ou à l'installation sur leur territoire des personnes physiques ou morales originaires des autres pays membres. Aux termes de l'article 91, paragraphe 3-c, « selon la procédure prévue au paragraphe 2, le Conseil adopte des règles (…) précisant la portée des limitations justifiées par des raisons d'ordre public, de sécurité publique et de santé publique ».

La protection de la santé publique pourrait justifier également l'adoption de mesures de défense sanitaire. Les restrictions à la liberté de circulation et d'établissement peuvent être fondées sur des raisons de santé publique, notamment la santé humaine, la protection de la santé animale et de l'environnement. La protection de la santé humaine pourrait être motivée par la nécessité de protéger les nationaux contre les maladies importées des autres pays de la sous-région, en particulier les infections contagieuses et particulièrement graves qui peuvent nuire à la santé du consommateur.

S'agissant de la question environnementale, il est évident qu'il y a parfois des liens manifestes entre la protection de l'environnement et la santé[46]. Cette définition

---

[46] Voir l'affirmation de Michel Belanger qui dispose qu'« il est banal aujourd'hui de noter les liens étroits qui existent entre la protection

large de la santé publique devrait induire l'élaboration d'une politique communautaire de la santé. Il serait opportun, dans ce cadre, qu'une liste déterminant les maladies ou les éléments à prendre en compte pour justifier une restriction soit établie.

Concernant les limitations tenant à la sécurité publique et à l'ordre public, elles peuvent être source d'entrave à la libre circulation des personnes et des biens. L'ordre public est une notion « tentaculaire, indéfinissable et insaisissable ». Doit-il être laissé à la discrétion des États ou doit-il faire l'objet d'une réglementation du droit communautaire ? Les États devraient-ils avoir une totale liberté pour déterminer, conformément à certaines exigences nationales, ce qui entre dans le cadre de l'ordre public ou non ?

Par conséquent, il est opportun d'assurer un encadrement des compétences nationales par les organes communautaires afin d'éviter tout pouvoir discrétionnaire des États dans ce domaine. Le principe de non-accès aux emplois de la fonction publique est également une limite à la liberté d'établissement dans la mesure où elle n'est réservée qu'aux nationaux de l'État.

Concernant la CEDEAO, après avoir reconnu le droit de résidence et tenté d'en encadrer les limitations (article 2 et 3 du Protocole de 1986), l'organisation reconnaît le pouvoir discrétionnaire des États dans l'attribution de la carte de résidence (article 15 de la décision de 1990).

En outre, le concept de « migrant inadmissible » pourrait être mieux défini et explicité dans le cadre communautaire. On le retrouve dans le Protocole de 1979 et dans la Décision de 1990. Déjà, le texte de 1979 ne l'évoque qu'en

---

de l'environnement et la santé. Le phénomène des pluies acides montre, par exemple, combien les sociétés modernes, en particulier les sociétés industrielles, portent gravement atteinte à l'environnement naturel ».

référence aux lois et règlements en vigueur des États membres. Le renvoi à la législation nationale est tout aussi explicite dans le Protocole de 1986 (article 14-1-d), à propos des travailleurs migrants.

En conclusion, dans les deux organisations (CEDEAO et UEMOA), les exceptions tournent autour des mêmes notions : « ordre public », « sécurité publique » et « santé publique ». Ces restrictions sont énumérées dans les Protocoles de 1986 et 1990 de la CEDEAO (article 14 et 4 respectivement) et dans le Traité de l'UEMOA (articles 91, 92, 93 et 94). Ce sont des concepts à contenu variable définis par l'État, qui prend les mesures restrictives. Les organisations communautaires peuvent essayer d'encadrer ce pouvoir de détermination unilatérale. C'est le sens de la disposition comme celle de l'article 91 paragraphe 3-c du Traité de l'UEMOA qui prévoit que le Conseil des ministres précisera, par règlement ou directive, la portée des limitations justifiées par des raisons d'ordre public, de sécurité publique et de santé publique.

- Entraves

En dépit des acquis dans le domaine de la libre circulation, certaines entraves persistent encore dans les États membres sur les axes routiers et aux frontières terrestres. Les citoyens de la Communauté sont toujours confrontés à l'extorsion de fonds, à l'intimidation et au harcèlement d'agents chargés du contrôle aux frontières terrestres et le long des corridors. Une récente étude de la Direction de la libre circulation de la Commission de la CEDEAO révèle qu'en moyenne, 36 % des personnes traversant les frontières dans la Communauté ont beau posséder des documents de voyage valides, cela ne les dispense pas pour autant d'être l'objet de rackets et de prélèvements illicites opérés ici et là.

En outre, 91 % des migrants vers les différents pays de la CEDEAO se plaignent du coût élevé de l'obtention des documents de voyage requis, tandis que 77 % de ces migrants payent des pots-de-vin aux agents chargés du contrôle à chaque passage de frontière. Il en est de même des chauffeurs de véhicule de transport de personnes, obligés aussi de verser des sommes indues aux agents de sécurité pour accélérer les formalités requises. C'est pour faire face à ces entraves que lors de la 43e session ordinaire de leur Conférence, tenue en juillet 2013 à Abuja, les chefs d'État et de gouvernement de la CEDEAO, ayant constaté les résultats très modestes enregistrés sur le plan de l'intégration des marchés et des personnes, se sont résolument engagés à assurer l'application effective des protocoles sur l'organisation de la libre circulation.

Dans cette perspective, ils avaient confié la responsabilité du suivi de cette importante question à l'ancien Président du Burkina Faso, Blaise Compaoré, et demandé au président de la Commission de la CEDEAO de mettre en place une *task force* sur la libre circulation des marchandises.

Dans le cadre de la mise en œuvre du mandat de l'ex-Président Compaoré, une mission de haut niveau de la Commission de la CEDEAO, menée par le président de l'institution régionale, s'était rendue à Ouagadougou où elle avait tenu une séance de travail avec une délégation conduite par le ministre des Affaires étrangères du Burkina Faso sur les actions à mener.

À l'issue de ces travaux, la rencontre a adopté une feuille de route comprenant notamment l'organisation d'un forum régional citoyen, afin de prendre en compte les préoccupations des acteurs non étatiques et recueillir les propositions pour une bonne mise en œuvre des textes communautaires. Ce forum a eu lieu et des recommandations pertinentes ont été prises.

D'autres difficultés, notamment l'état généralement défectueux et l'insuffisance d'entretien des routes, handicapent également la fluidité du trafic de marchandises dans l'espace communautaire. En effet, la charge maximale à l'essieu est, dans le cadre réglementaire de l'UEMOA et de la CEDEAO, limitée à un maximum d'environ 30 tonnes, pour la pérennité des routes. Or, les camions peuvent porter jusqu'à 100 tonnes, l'équivalent de trois conteneurs. Non seulement cela affecte les routes, mais encore fausse la concurrence entre les ports de la Communauté. Il faudra que les camions respectent scrupuleusement la réglementation à ce niveau. Ainsi, un meilleur effort dans l'harmonisation des réglementations de l'UEMOA et de la CEDEAO en matière de transport est nécessaire.

Enfin, les populations ouest-africaines, caractérisées par un taux assez élevé d'analphabétisme, ignorent généralement les dispositions de la CEDEAO et de l'UEMOA, d'où un effort important de vulgarisation à faire à ce niveau.

- **Recommandations**

Pour limiter les entraves à la libre circulation des personnes, des biens et des services, des recommandations, dont certaines déjà déclinées, nous paraissent pertinentes :

- renforcer la lutte contre la corruption dans les frontières terrestres pour amoindrir les entraves à la libre circulation des personnes et des biens. Des séminaires pourraient être organisés chaque année à l'intention des agents des postes de frontières des 15 pays membres ;

- accroître le degré d'appropriation des textes communautaires par les publics cibles (forces de police, douanes et gendarmerie) ;

- renforcer l'information et la sensibilisation sur les actions des organisations sous-régionales ;

- assurer une visibilité des réalisations, projets et programmes des structures des organisations d'intégration régionale ;

- améliorer le traitement des personnels aux postes-frontières ;

- organiser régulièrement les visites des officiels et des parlementaires sur le terrain, notamment dans les brigades de contrôles juxtaposés ;

- implanter l'esprit d'une intégration en marche au profit des populations. Il convient de saluer les semaines de l'intégration de la CEDEAO instituées dans les États membres ;

- mobiliser la jeunesse autour des idéaux des organisations d'intégration sous-régionale et l'informer sur les projets et programmes de développement mis en œuvre dans l'espace communautaire et particulièrement au Sénégal. À cet effet, l'organisation annuelle d'un forum des jeunes sur l'intégration dans le cadre de la CEDEAO pourrait être instituée ;

- assurer la large diffusion du Protocole sur la libre circulation des personnes, des biens et des services ainsi que des textes additionnels communautaires en cours de l'UEMOA et de la CEDEAO. Ces deux organisations pourraient élaborer de petits guides pratiques dénommés « Guide du voyageur dans l'UEMOA ou dans la CEDEAO » où seraient recensés succinctement les droits et obligations des citoyens dans leur espace communautaire ;

- faire défiler des jeunes en arborant des tee-shirts ou les couleurs de l'UA ou de la CEDEAO lors des fêtes d'indépendance des pays membres ;

- impliquer davantage les organisations de la Société civile dans la gestion des politiques migratoires ;

- créer une synergie d'actions entre les acteurs communautaires et nationaux agissant dans le domaine de la libre circulation des personnes et des biens ;

- améliorer sensiblement le traitement des agents chargés des contrôles dans les postes de contrôle juxtaposés aux frontières par l'octroi d'indemnités.

Dans le cadre de l'Union africaine, la libre circulation des personnes, des biens et des services n'est pas totalement effective et n'a pas fait l'objet d'une réglementation unique. Les législations sont disparates d'un pays à un autre. Certains pays ont des accords de dispense de visas entre eux.

Il convient de signaler une avancée décidée lors du 27e sommet des chefs d'État de l'Union africaine (UA) qui s'est tenu à Kigali le 18 juillet 2016. En effet, les CEEG ont adopté le passeport africain. C'est un pas important à saluer, même si sa mise en place sera progressive. Pour le moment, il ne concerne que les chefs d'État et de gouvernement, les ministres des Affaires étrangères et les ambassadeurs à Addis-Abeba. Mais à terme, il est destiné à tous les Africains. C'est un des douze projets majeurs dont le but est de supprimer tous les obstacles à la libre circulation des personnes et des biens sur le continent.

Dans un second temps, il convient de l'élargir aux hommes d'affaires et enfin aux ressortissants africains.

Paragraphe 3 : Des résultats notables dans la réalisation de l'Union économique et monétaire, du Marché commun et de l'harmonisation du droit des affaires

A- Les réalisations de la CEDEAO sur le plan économique

La CEDEAO s'est fixé comme objectifs l'union économique et monétaire. L'union monétaire n'était pas prévue dans le Traité de 1975. Ce n'est qu'à la suite de la révision en 1993 que les articles 51, 54 et 55 ont abordé cette question. Le prélèvement communautaire institué en 2000 est opérationnel depuis 2003.

Dans le cadre du schéma de libéralisation des échanges, des avancées significatives sont notées. Ainsi, certains produits sont soumis à un régime d'échanges préférentiels (produits du cru et de l'artisanat traditionnel). Les produits du cru sont ceux du règne animal, végétal ou minéral n'ayant subi aucune transformation à caractère industriel. Quant aux produits du cru et de l'artisanat traditionnel, ce sont les articles faits à la main avec ou sans l'aide d'outils, d'instruments ou de dispositifs actionnés directement par l'artisan[47]. Pour les produits industriels, ceux qui sont éligibles doivent être agréés[48].

---

47 Sur les produits du cru, voir Décision A/DEC 1/79 du 26 novembre 1970 pour les produits du cru et Décision/Dec 1/5/81 du 29 mai 1984.

48 Sur les produits industriels, voir Protocole du 5 novembre 1976 relatif à la définition de la notion des produits originaires des États de la CEDEAO et ses protocoles additionnels. Protocole A/SP 1/5/79 du 29 mai 1979 portant amendement du texte français du protocole relatif à la définition de la notion de produits originaires des États membres 5 Jo., vol. 1 Rec. PCD, 70.

Depuis sa création en 1975, la CEDEAO a franchi un pas important avec l'adoption le 1er janvier 2015 du tarif extérieur commun (TEC) qui constitue une étape supplémentaire dans la réalisation du marché commun. Dans le cadre de l'établissement du marché commun, l'article 37 du Traité révisé disposait que « les États conviennent de l'établissement progressif d'un TEC en ce qui concerne les produits importés dans les États membres et en provenance de pays tiers, conformément au calendrier proposé par le Département de la Commission Commerce, Douanes, Fiscalité, Statistiques, Monnaie et Paiements. Les États membres s'engagent à supprimer, conformément à ce programme, les différences qui existent entre leurs tarifs douaniers extérieurs. Les États membres s'engagent à appliquer la nomenclature douanière et statistique comme adoptée par le Conseil ». Le TEC vise à favoriser le commerce intrarégional tout en protégeant les industries nationales des pays membres de la concurrence de certains produits importés d'autres pays. Le TEC-CEDEAO se compose d'une nomenclature tarifaire et statique et d'un ensemble de droits et taxes qui peuvent être temporaires ou permanents. Il est un instrument de taxation des produits tiers lors de leur entrée dans le territoire douanier communautaire. Il est composé d'une nomenclature tarifaire et statistique et d'un tableau des droits et taxes applicables aux produits importés. Il comprend le droit de douane, la redevance statistique, les prélèvements communautaires de la CEDEAO et de l'UEMOA, ainsi que des mesures de défense commerciale. Les produits figurant dans la nomenclature tarifaire et statistique sont répartis en 5 bandes tarifaires, correspondant à différentes catégories, dont celle à un taux de 0 % pour les biens sociaux essentiels. La catégorie 1, au taux de 5 %, correspond aux biens de première nécessité, aux matières premières de base, aux biens d'équipement et aux intrants spécifiques, la catégorie 2 – taux de 10 % – concerne les intrants et produits alimentaires. Il y a aussi la catégorie 3, au taux de 20 %, réservée aux biens de consommation finale, sans compter la catégorie 5, dénommée 5e bande tarifaire, au taux de 35 %, appliquée aux biens spécifiques pour le développement économique.

De même, il est institué des mesures de défense commerciale et des mesures complémentaires de protection de produits communautaires avec l'instauration d'une taxe d'ajustement à l'importation et d'une taxe complémentaire de protection.

Pour promouvoir le commerce entre les pays membres, la CEDEAO a institué une Foire CEDEAO[49], qui n'a pas pour l'instant eu les effets escomptés sur le degré du commerce intrarégional, qui reste faible comparé aux pays de l'UE et de l'Asie.

Il est nécessaire de mieux vulgariser cette foire auprès des acteurs étatiques (gouvernements, députés, sénateurs) et non étatiques (organisations patronales, chambres de Commerce et d'Industrie, sociétés civiles, ONG, universitaires, etc.).

Par ailleurs, l'intégration nécessite dans certains cas, outre l'union douanière, des politiques communes dans certains secteurs comme la politique commerciale : aux termes de l'article 50 (9) du Traité révisé de la CEDEAO, les États perdent leurs compétences de négociation commerciale internationale directe. En effet, elle a la compétence de conclure des accords commerciaux.

---

[49] Décision C/DEC.5 12/92 signée à Abuja le 5 décembre 1992 portant institution de la Foire commerciale de la CEDEAO (Jo, vol. 24, décès PCD, P2374).

Avec la mise en place du TEC, les politiques douanières, fiscales et statistiques sont communes[50]. La CEDEAO a également finalisé les négociations sur les Accords de partenariat économique (APE) en offrant un accès aux marchés.

En vue de l'harmonisation des politiques économiques, il convient de signaler également la surveillance multilatérale qui se manifeste par la création d'un Comité de coordination et de contrôle composé des responsables des États membres[51] qui se réunissent au niveau des experts et au niveau des ministres de l'Économie et des Finances. Le Comité est chargé de définir la stratégie et les modalités de l'harmonisation.

S'agissant des perspectives en matière d'infrastructures, il est important de noter que la CEDEAO a deux grandes routes trans-ouest-africaines. La première est la côtière, qui va de Dakar à Lagos. La deuxième, qui est la transsaharienne, va de Dakar à Ndjamena. Ces deux routes sont presque totalement bouclées et il ne reste que quelques tronçons. Il y a le lancement, par 5 pays concernés, d'un projet pilote qui aura un statut international (Côte d'Ivoire-Togo). Cette route sera à 6 voies et dès que les usagers entreront sur l'autoroute, ils ne seront ni contrôlés ni arrêtés, si ce n'est pour payer le péage. Il convient également de signaler la signature de l'Acte additionnel

---

50 Voir décision C/Déc./3-11/82 du Conseil des ministres du 17 novembre 1982 portant règlement pour la codification des régimes douaniers, statistiques et fiscaux de la CEDEAO, Décision C/DEC/3/6/86 du Conseil des ministres du 30 juin 1986 portant règlement pour l'élaboration des statistiques du commerce extérieur des États membres. En outre, le Protocole A/P/27 96 du 27 juillet 1996 instituant le texte sur taxe sur la valeur ajoutée (TVA) pour remplacer les multiples taxes indirectes des États membres de la CEDEAO.

51 Décision A/DEC/8/8/94 du 6 août 1994 sur le Comité de coordination et de contrôle de la CEDEAO.

relatif au corridor Dakar-Abidjan lors de la 51e Session ordinaire de la CEDEAO, le 4 juin 2017. Enfin, il est utile de rappeler que les chefs d'État et de gouvernement de la CEDEAO ont adopté le 10 juillet 2014, à Accra, l'Acte additionnel relatif au Programme communautaire de développement pour l'Afrique de l'Ouest (PCD-CEDEAO) dont les programmes et projets prioritaires identifiés contribuent à répondre durablement aux défis de développement à moyen et long termes de la région. Le PCD est le programme de référence de développement de la CEDEAO sur la période 2014-2023, avec une première phase d'opérationnalisation entre 2014 et 2018. Le PCD englobe actuellement un compact de 242 projets et programmes de développement, d'un coût global de près de 28 milliards de dollars, dont environ 7 milliards de dollars ont été mobilisés. Ce compact intègre des projets prioritaires de développement des principaux acteurs engagés dans le processus pour l'intégration régionale et le développement en Afrique de l'Ouest, en l'occurrence les États membres, les organisations intergouvernementales de l'espace CEDEAO, la société civile, le secteur privé et le secteur de la recherche.

La Commission de la CEDEAO travaille à la mobilisation des ressources nécessaires à la mise en œuvre de ce programme de développement. Elle a lancé un appel à tous les partenaires au développement afin qu'ils apportent leur soutien conséquent à ce programme.

B- Les résultats de l'UEMOA sur le plan économique

Quant à l'UEMOA, l'union monétaire a été sa raison d'être depuis 1973, avec la mise en place d'un institut d'émission.

Sur le plan commercial, le désarmement dans le cadre de l'UEMOA est prévu par l'article 76 du Traité de l'UEMOA. L'Acte additionnel n° 04/96 établit un régime de tarifaire préférentiel transitoire des échanges pour deux catégories de produits notamment les produits admis au bénéfice de l'exonération des droits de douane et les produits admis à la réduction de droits de douane. Pour ceux du cru et de l'artisanat, l'article 10 de l'acte précité dispose que le régime qui leur est applicable est la libre circulation en franchise de tout droit et taxe.

S'agissant des produits industriels, certains bénéficient d'un régime de faveur, d'autres non (taxe de prélèvement communautaire [IPDC])[52]. L'UEMOA a réalisé depuis 2000 le tarif extérieur commun (TEC) et s'oriente depuis vers l'harmonisation et la mise en œuvre de politiques économiques communes dans l'espace d'intégration.

Par conséquent, les acquis concernent la construction du marché commun basé sur la libéralisation totale des échanges au sein de l'espace, avec la suppression des droits de douane (produits industriels agréés, produits agricoles, artisanat) et l'institution d'un tarif extérieur commun (TEC) avec catégorisation des produits :

Catégorie 0 : biens à caractère social, 0 % (produits pharmaceutiques) ;

Catégorie 1 : matières premières et biens de première nécessité, 5 % (engrais) ;

Catégorie 2 : biens intermédiaires, 10 % (huiles parfumerie) ;

Catégorie 3 : produits finis, 20 % (parfums et produits de beauté).

La mise en œuvre d'une politique commerciale commune (relations commerciales extérieures, règles de

---

[52] Cf. Acte additionnel n° 04198 du 30 décembre 1998 pour les produits industriels originaires agréés dans le cadre de l'UEMOA.

concurrence, négociations commerciales internationales), etc.

L'UEMOA a obtenu dès sa création des résultats jugés satisfaisants. Elle a dégagé, entre autres, des critères de convergence pour l'instauration d'une procédure de surveillance multilatérale, d'une bourse des valeurs et la réalisation de l'union douanière le 1er janvier 2000 avec l'instauration du TEC.

Le TEC-UEMOA, entré en vigueur en 2000, a permis de mettre en place, au sein d'une union douanière, un même tarif aux marchandises originaires des pays tiers[53]. Quant aux politiques sectorielles de l'UEMOA, elles sont régies par le Protocole additionnel n° II modifié par le Protocole n° IV adopté le 9 janvier 2011.

Quant aux politiques communes, on peut citer la politique commerciale de l'UEMOA[54] et la libre concurrence[55].

Concernant la TVA dans l'UEMOA, elle est réglementée par la Directive n° 02/98 du 22 décembre 1998[56]. Sur les droits d'accises, c'est la Directive n° 03/98 du 22 décembre 1998 qui procède à l'harmonisation.

S'agissant de la politique budgétaire, l'article 65, paragraphe 2, la prescrit. C'est la Directive n° 02/96 du 20 septembre 1996 qui énonce les principes pour le respect

---

53 Cf. règlement n° 02/97/CM/UEMOA du 28 novembre 1997 adoptant le Tarif Extérieur Commun sur la nomenclature tarifaire et statistique (ou système de désignation ou de codification des marchandises).

54 La politique commerciale de l'UEMOA est régie par l'article 77, alinéa 2.

55 La politique de libre concurrence de l'UEMOA est prévue par les articles 88 à 90.

56 Articles 3 et 6 de la directive n° 002/98 du 22 décembre 1998 sur la TVA.

de la discipline budgétaire. Ensuite, l'Acte additionnel n° 04/99 a adopté l'Acte de Convergence[57].

Pour ce qui est des politiques monétaires de l'UEMOA, elles sont précisées par le Traité du 14 novembre 1973 instituant l'UEMOA. La BCEAO joue un rôle essentiel dans ce cadre[58].

En vue d'atteindre les objectifs de l'UEMOA, l'institution communautaire a également mis en place un système de surveillance multilatérale (SM)[59] qui peut être défini comme un mécanisme de définition et de contrôle des politiques entre les États membres de l'UEMOA pour assurer la viabilité du cadre macroéconomique des États par des orientations souples, mais avec des règles strictes de divergence.

Le Traité de l'UEMOA précise que les organes de la SM sont le Conseil des ministres et la Commission de l'UEMOA. Dans chaque État, il y a un Comité National de Politique Économique (CNPE) chargé de l'exécution des décisions communautaires. La relation entre les organes communautaires et nationaux est assurée par la BCEAO. Le secrétariat conjoint est assuré par la BCEAO, la BOAD et la Commission de l'UEMOA pour les réunions du CM consacré à la surveillance multilatérale. Il convient de signaler que les directeurs nationaux de la BCEAO assurent les fonctions de secrétariat technique des CNPE pour vérifier et contrôler la véracité des statistiques transmises

[57] Se référer également au règlement n° 01-99 du 21 décembre sur les modalités de mise en œuvre du pacte de convergence de l'UEMOA.

[58] L'article 52 des statuts de la BCEAO a confié au Conseil d'administration la conduite de la politique monétaire dans le cadre des directives du CM et des comités nationaux de crédits.

[59] Pour la surveillance multilatérale, il convient de se référer à l'article 63 du Traité de l'UEMOA et la Directive n° 001/96 sur la mise en œuvre de la SM des politiques macroéconomiques au sein de l'UEMOA.

par la CNPE à la Commission. La BCEAO est un maillon essentiel de la mise en œuvre de la surveillance multilatérale.

Aujourd'hui, l'UEMOA est engagée dans la mise en œuvre du Programme économique régional 2012-2016 (PER II) : 100 projets pour un coût global de 5 700 milliards de FCFA, dont 45 du PER I reconduits, près de 700 M acquis ; 2,5 mille promis à la table ronde d'Abidjan[60]. Ce programme est ambitieux.

Il faut noter que pour tenir compte des pertes de recettes douanières, un système de compensation est mis en place. Il s'agit du Fonds de compensation de l'UEMOA[61]. Le prélèvement communautaire de solidarité (PCS) a été ramené de 1 % à 0,80 % le 1er juillet 2017, avec un objectif de 0,50 % à partir du 1er janvier 2019 lors de la Session extraordinaire de la CEEG tenue à Abidjan, le 10 avril 2017.

C- L'harmonisation du droit des affaires dans l'OHADA

L'objectif essentiel assigné à l'OHADA est de favoriser le retour des investisseurs en Afrique et ceci en s'efforçant d'améliorer la sécurité juridique des affaires. L'incertitude juridique et judiciaire est un frein aux investissements. Par adoption des actes uniformes, il est attendu l'uniformisation du droit des affaires dans les États membres. Pour assurer l'efficacité, il est mis en place un dispositif visant à assurer

---

60 Cf. Conférence des chefs d'État et de gouvernement tenue à Abidjan sur le PER II.

61 Sur le fonds de compensation de l'UEMOA, il convient de se référer au règlement n° 06/98 du 3 juillet 1998 qui est alimenté par l'affectation d'une part des recettes perçues au titre du prélèvement communautaire de solidarité (PCS) et à l'article 16 de l'Acte additionnel n° 04/96 qui représente 1 % sur la valeur en douane des marchandises importées des pays tiers par les États membres.

un règlement efficace des litiges à travers la CCJA et la mise en place d'une formation de haut niveau pour les magistrats et auxiliaires de la justice par ERSUMA.

L'OHADA a incontestablement joué un rôle important dans la sécurité juridique et judiciaire des États membres.

Au total, l'intégration dans l'espace ouest-africain a des résultats assez appréciables. Concernant les perspectives de l'intégration, les États membres de la CEDEAO et de l'UEMOA devraient proposer des projets d'intégration à certains partenaires, notamment la Chine et l'Inde. La Chine a annoncé, en décembre 2015, pour le plan d'action 2016-2018 du FOCAC, la mise en œuvre dans les 3 ans des 10 programmes suivants dans les domaines ci-après :

1 – Industrialisation ;

2 – Modernisation de l'agriculture ;

3 – Infrastructures ;

4 – Finances ;

5 – Développement vert ;

6 – Facilitation du commerce et des investissements ;

7 – Réduction de la pauvreté et bien-être social ;

8 – Santé publique ;

9 – Échanges culturels et humains ;

10 – Paix et sécurité ;

Pour financer ces programmes, une dotation totale de 60 milliards de dollars US a été annoncée. Elle comprend :

- **5 milliards** en aide sans contrepartie ;
- **35 milliards** en ligne de crédits préférentiels avec un meilleur niveau de confessionnalité ;
- **5 milliards** au titre du CADFUND pour l'appui aux PME ;

- **10 milliards** au titre du Fonds pour le développement industriel ;
- **5 milliards** au titre des autres engagements.

Quant à l'Inde, elle a annoncé la mise à disposition de 10 milliards de dollars dans le cadre de son partenariat avec l'Afrique.

Paragraphe 4 : L'architecture africaine de paix et de sécurité

Le Conseil de paix et de sécurité de l'UA, le Mécanisme de prévention, de gestion et de règlement des conflits de 1999 et le Protocole sur la démocratie, le maintien de la paix et de la sécurité de 2001 de la CEDEAO ainsi que la Délégation à la sécurité et à la paix de l'UEMOA seront abordés successivement.

A- Le Conseil de paix et de sécurité de l'Union africaine

Le Conseil de paix et de sécurité de l'Union africaine est responsable du maintien de la paix et de la sécurité internationales. Composé de quinze (15) membres élus par la Conférence, le CPS a pour mission de prévenir et de régler les conflits.

Dans les cas de crime de guerre, de génocide et de crime contre l'humanité, la décision d'intervention dans un État membre doit être prise par la Conférence sur recommandation du CPS, conformément à l'article 4 de l'Acte constitutif.

Cet organe de sécurité collective a en charge d'établir une politique commune de défense. Il est aussi chargé de la reconstruction post-conflit et, si besoin, il peut demander le déploiement de missions de maintien de la paix. Il intervient dans le cadre de la diplomatie préventive et des opérations de maintien de la paix. Pour l'instant, l'UA n'a pas de forces propres. Elle est obligée de faire appel aux États membres.

Son bilan est mitigé à cause de la perpétuation de nombreux conflits, même si la nature de ces derniers a considérablement changé. Les conflits internes ont pris la place des conflits interétatiques. Compte tenu de facteurs financiers et logistiques, elle a parfois des difficultés dans la résolution de certains conflits. Les récentes crises en Centrafrique et au Mali démontrent la nécessité quasi impérieuse pour l'Afrique de se doter d'une force armée d'intervention rapide. Cette idée, réitérée à l'occasion du Sommet de l'Élysée sur la paix et la sécurité en Afrique en décembre 2013, à Paris, devrait revêtir un caractère plus international avec l'implication des Nations unies, qui pourraient renforcer par exemple le mécanisme mis en place en mai 2012 par l'Union africaine, à savoir la capacité africaine de réponse immédiate aux crises (CARIC). L'opérationnalisation d'initiatives importantes comme la force africaine en attente et celle de la capacité africaine de réponse immédiate aux crises est à la traîne en raison d'un manque de soutien financier et logistique de la part des États membres.

Comme perspective, l'UA, à travers le CPS, doit insister sur la prévention des conflits en mettant surtout l'accent sur la dimension politique et économique. Aucune action en faveur de la sécurité et du développement ne saurait aboutir valablement si elle ne se fonde pas sur le respect des valeurs démocratiques, de l'état de droit et des droits de l'homme. La promotion de la culture démocratique, des droits de l'homme et de la bonne gouvernance économique dans les États africains doit être une des priorités. En effet, le facteur politique constitue en Afrique une des causes de plusieurs conflits en Afrique. Dans son rapport de 1998 sur les causes et les conséquences des conflits en Afrique, l'ancien

Secrétaire général des Nations unies[62] affirmait que « c'est la nature du pouvoir politique dans bien des pays d'Afrique de même que les conséquences de la prise du pouvoir et du maintien de celui-ci qui est une source majeure des conflits dans le continent ».

La poursuite des conflits dans de nombreuses régions du continent, souvent une manifestation de la lutte pour le pouvoir, montre la difficulté d'institutionnaliser la démocratie en Afrique. Les efforts de l'UA dans le domaine de la démocratisation étaient essentiellement concentrés sur l'assistance électorale. Aujourd'hui, ils tendent de plus en plus à la restauration de l'État de droit. Son rôle dans la promotion de la démocratie devrait de plus en plus s'affermir.

B- Les instruments institutionnels et juridiques de prévention, de gestion et de règlement des conflits dans la CEDEAO

1- Le Mécanisme de prévention, de gestion et de règlement des conflits de la CEDEAO de 1999

La CEDEAO, qui originellement avait une vocation économique (voir article 2 du Traité constitutif), a intégré progressivement les préoccupations sécuritaires. Elle a tiré les leçons des conflits libériens et sierra-léonais qu'elle a dû gérer de manière ad hoc. L'architecture de paix et de sécurité de la CEDEAO est régie par le Protocole du 10 décembre 1999 instituant un Mécanisme de prévention, de gestion et de règlements des conflits (MPGRC). Il est complété par le Protocole sur la démocratie, le maintien de la paix et de la sécurité de 2001.

---

[62] Koffi ANNAN, *Les causes des conflits et la promotion d'une paix et d'un développement durables en Afrique*, Rapport du Conseil de Sécurité, New York, Nations Unies, § 4, avril 1998, disponible sur www.un.org.

Il convient de rappeler que le 28 mai 1981, un Protocole d'assistance mutuelle en matière de défense avait été signé au Sommet de Dakar, suite à son adoption lors du Sommet de Freetown par tous les États membres, à l'exception du Cap-Vert, de la Guinée-Bissau et du Mali. Il prévoyait une assistance des autres États en cas d'agression contre un État, une obligation de non-recours à la force entre les États signataires et une possibilité d'envoyer des forces d'interposition en cas de conflit entre États membres. La CEDEAO est intervenue dans plusieurs conflits dans sa zone. Aujourd'hui, le nouvel article 58 intitulé « Sécurité régionale » constitue une avancée importante[63].

- Le fondement juridique actuel

Le droit originaire de la CEDEAO à travers le Traité révisé de la CEDEAO de 1993 dispose, au titre des principes fondamentaux, le maintien de la paix, de la sécurité et de la stabilité régionales par la promotion et le renforcement des relations de bon voisinage, le règlement pacifique des différends entre États membres, la coopération entre pays voisins et la promotion d'un environnement pacifique comme préalable au développement économique (article 4 e et f). Cette disposition n'existait pas dans le Traité de 1975.

S'agissant du droit dérivé de la CEDEAO, le Protocole du 10 décembre 1999 instituant un mécanisme de prévention, de gestion et de règlement des conflits, et le Protocole sur la démocratie, le maintien de la paix et de la sécurité de 2001 sont les bases juridiques de l'organisation dans le cadre de la prévention et de la gestion des conflits.

---

[63] Cf. l'article 58 du Traité de 1 993 qui constitue une innovation, inscrit la sécurité dans ses préoccupations.

- Les institutions et organes du Mécanisme de prévention, de gestion et de règlement des conflits

Trois institutions et trois organes concourent à l'effectivité de ce mécanisme.

- la Conférence des chefs d'État et de gouvernement prévue à l'article 7 du Traité révisé.

Selon l'article 6 alinéa 1 et 4 du Protocole, elle est la plus haute instance de décision et est habilitée à prendre toute décision dans le cadre des questions se rapportant à la prévention, à la gestion et au règlement des conflits, au maintien de la paix et de la sécurité, à l'assistance humanitaire, à la consolidation de la paix, à la lutte contre la criminalité transfrontalière et à la prolifération des armes légères ainsi que toutes les autres questions couvertes pour les dispositions du mécanisme.

- le Conseil de médiation et de sécurité (CMS) (article 8).

Il est composé de neuf (9) États membres élus par la CCEG, les deux (2) autres États étant l'État membre qui assure la présidence de la Conférence et l'État membre qui l'a précédé. Il est composé de trois (3) formations :

- au niveau de la CCEG, le CMS se réunit deux fois par an en session ordinaire et en session extraordinaire convoquée par le président en exercice de la Conférence, à la requête de la majorité simple des membres du Conseil (article 12) ;
- au niveau ministériel, le CMS réunit les ministres des Affaires étrangères, de la Défense, de l'Intérieur et de la Sécurité. Il se réunit une fois tous les trois mois pour examiner la situation politique générale et la sécurité dans la sous-région. Ils ne formulent que des recommandations soumises à la CCEG ;
- au niveau des ambassadeurs : ce sont les ambassadeurs les représentants permanents auprès de

la CEDEAO. Ils se réunissent au moins une fois par mois et leurs recommandations sont soumises au CMS (article 14).

- la 3e institution est la Commission de la CEDEAO. Elle est chargée de la mise en œuvre des décisions.

Quant aux organes, leur rôle est d'assister et d'appuyer les institutions (article 17). On peut citer :

- la Commission de Défense et de Sécurité, organe technique.

En vertu de l'article 18 du Protocole, il comprend les chefs d'État-major des Armées ou leurs équivalents, les responsables des ministères de l'Intérieur et de la Sécurité, les experts des ministères des Affaires étrangères et, selon l'ordre du jour, les responsables des services de l'immigration, des douanes, de la lutte contre la drogue et des stupéfiants, de la sécurité des frontières, de la protection civile.

- le Conseil des sages regroupe des personnalités dont la liste est annuellement dressée par le président de la Commission de la CEDEAO (article 20, alinéa 4). Même si leur mandat n'indique pas de subordination, il rend compte au président de la Commission (article 5).

Il convient de rappeler que l'ECOMOG (Economic Community of West African States Cease-fire Monitoring Group, ou Groupe de supervision du cessez-le feu de la CEDEAO), mis sur pied en 1990, fonctionnant de manière ad hoc pour intervenir dans le conflit interlibérien, était une structure composée de plusieurs modules polyvalents (civils et militaires) en attente dans leurs pays d'origine et prêts à être déployés dans les meilleurs délais. Aujourd'hui, les forces en attente de la CEDEAO remplissent, outre le déploiement préventif, des missions d'observation et de suivi de la paix, de rétablissement, de consolidation de la paix, de conduite d'opérations humanitaires, de suivi de l'application d'éventuelles sanctions, de participation à la lutte contre la fraude et le crime organisé ainsi que toute autre opération qui peut être ordonnée par le CMS. Elles font régulièrement des patrouilles communes.

2. Le Protocole sur la démocratie et la bonne gouvernance additionnel au Protocole relatif au mécanisme de prévention, de gestion, de règlement des conflits, de maintien de la paix et de la sécurité de 2001

L'autre dispositif juridique qui complète le Mécanisme de prévention, de gestion, de règlement des conflits est le Protocole sur la démocratie et la bonne gouvernance additionnel au Protocole relatif au mécanisme de prévention, de gestion, de règlement des conflits, de maintien de la paix et de la sécurité de 2001. En vue de promouvoir la démocratie et la bonne gouvernance dans la sous-région, les États membres de la CEDEAO ont adopté, en 2001, le Protocole sur la démocratie et la bonne gouvernance, additionnel au Protocole relatif au mécanisme de prévention, de gestion, de règlement des conflits, de maintien de la paix et de la sécurité.

Ce Protocole adresse les omissions constatées après adoption du Mécanisme et prend en compte les nouveaux défis politiques et sécuritaires. L'article 2 de ce protocole prévoit qu'aucune réforme substantielle de la loi électorale ne doit intervenir dans les six (6) mois précédant les élections, sans le consentement d'une large majorité des acteurs politiques. Ainsi, les élections à tous les niveaux doivent avoir lieu aux dates ou périodes fixées par la Constitution ou par les lois électorales.

L'article stipule que les organes chargés des élections doivent être indépendants ou neutres et avoir la confiance des acteurs et protagonistes de la vie politique. En cas de nécessité, une concertation nationale appropriée doit déterminer la nature et la forme desdits organes. Chaque État membre doit s'assurer de l'établissement d'un système d'état civil fiable et stable. Un système d'état civil central doit être mis en place dans chaque État membre, prévoit l'article 4.

Dans le cadre de sa contribution pour des élections claires et transparentes dans les pays membres, l'article 12 stipule qu'à la demande de tout État membre, la CEDEAO peut apporter aide et assistance à l'organisation et au déroulement de toute élection. Cette aide ou assistance peut s'effectuer sous n'importe quelle forme utile.

Elle peut envoyer dans le pays concerné une mission de supervision ou d'observation des élections.

3- Saisine et interventions

Les structures qui peuvent déclencher le mécanisme sont la CCEG, le CMS et le président de la Commission en concertation avec le président en exercice du CMS ou du Conseil lui-même, ou à la demande d'un État membre, de l'UA ou de l'ONU.

Il convient également de signaler que dans le cadre de la mise en place des institutions et structures qui interviennent dans la prévention, la CEDEAO a mis en place un Groupe des Sages, un Fonds de la paix et une Convention sur les armes légères et de petit calibre, leurs munitions et autres matériels connexes adoptée le 14 juin 2006, qui a remplacé le Moratoire sur les armes de 1998.

Dans le cadre du système de préalerte, un système d'observation de la CEDEAO (cf. article 58) est structuré autour d'un centre d'observation et de suivi chargé de collecter et de redistribuer l'information à l'adresse du président de la Commission et des zones d'observation et de suivi[64].

Le bilan de la CEDEAO dans le domaine de la paix et de la sécurité est mitigé. Malgré des succès dans la résolution de certains conflits, ceux-ci subsistent toujours et l'instabilité et l'insécurité sont des données réelles dans nos pays. La CEDEAO a fourni des efforts significatifs dans l'observation des élections dans plusieurs pays et dans le règlement de certains conflits :

- L'observation des élections :

Elle constitue un aspect important du travail de la CEDEAO. Le suivi des processus électoraux a été ponctué de plusieurs succès dans beaucoup de pays, notamment au Togo, au Niger, en Côte d'Ivoire, au Sénégal et au Burkina Faso. La formation dans ce cadre est une réalité au niveau de la CEDEAO avec l'implication du Conseil des Sages, des ambassadeurs accrédités à la CEDEAO et de la société civile.

- La gestion des conflits :

Plusieurs interventions ont eu lieu, notamment :

- Au Liberia : devant les conséquences humanitaires désastreuses de la guerre civile et face au risque d'embrasement de toute la sous-région, la CEDEAO est intervenue dans la gestion du conflit pour lui trouver une solution politique. Les élections présidentielles et législatives se sont tenues avec l'assistance de l'ECOMOG, dont le mandat s'est prolongé après l'intervention en 1990.

---

64 Zone 1 : Cap-Vert, Gambie, Guinée-Bissau, Mauritanie, Sénégal / capitale : Banjul.
Zone 2 : Burkina Faso, Côte d'Ivoire, Mali, Niger / capitale : Ouagadougou.
Zone 3 : Ghana, Guinée, Liberia, Sierra Leone / capitale : Monrovia.
Zone 4 : Bénin, Nigéria, Togo / capitale : Cotonou.
Ainsi, les zones, au nombre de quatre, ont chacune une capitale.

Un nouvel accord avait été conclu le 5 juin 1998 entre les nouvelles autorités et l'ex-secrétariat exécutif de la CEDEAO. Le 1er octobre 2003, l'UNIMIL (Mission des Nations unies au Liberia) a remplacé l'ECOMIL (Mission de la CEDEAO au Liberia), en vertu de la résolution 1509 des Nations unies adoptée à l'unanimité par le Conseil de sécurité. Le mandat élargi de l'UNIMIL portait sur l'application de l'accord de cessez-le-feu, le soutien de la commission mixte de contrôle, la mise en place d'un plan d'action dans les 30 jours suivants l'adoption de la résolution, en vue de l'exécution globale d'un programme de désarmement, de démobilisation, de réinsertion et de rapatriement (DDRR). L'organisation a aussi soutenu le gouvernement de transition, dirigé par Charles Gyude Bryant, en vue du rétablissement de l'autorité nationale et de l'élaboration d'une stratégie globale de consolidation des institutions publiques, qui devaient préparer les élections nationales prévues en mars 2005. L'élection présidentielle du 11 octobre 2005 remportée par Ellen Johnson Sirleaf, première femme chef d'État en Afrique, est venue couronner ce processus de paix long et douloureux. Aujourd'hui, un appui de la part de la Communauté internationale dans le contexte post-Ebola renforcerait les perspectives de paix et de stabilité notées au Liberia.

- En Sierra Leone, la guerre civile de dix ans (1991–2001) ayant opposé les forces de défense civile (FDC), fidèles au Président Ahmed Tejjan Kabbah, et les rebelles du RUF dirigés par Foday Sanko, avait fait plus de 25 000 morts ainsi que des centaines de milliers de réfugiés et de personnes déplacées. Elle n'a pu prendre fin que grâce à l'intervention de la CEDEAO et de l'ONU. Aujourd'hui, le pays travaille à sa reconstruction dans un contexte post-Ebola.

- En Guinée-Bissau, pays instable marqué par plusieurs coups d'État, la CEDEAO est intervenue à plusieurs reprises. Elle a notamment participé à deux initiatives importantes dans lesquelles elle a joué un rôle capital : la résolution 1233 du 6 avril 1999 du Conseil de sécurité demandant au Secrétaire général de l'ONU de mettre sur pied un Bureau d'appui des Nations unies pour la consolidation de la paix en Guinée-Bissau, et la table ronde organisée par le PNUD à Genève, les 4 et 5 mai 1999. La situation dans ce pays n'est pas encore stabilisée malgré les nombreuses médiations et interventions.

- Au Mali, la CEDEAO est intervenue en premier avant que la Minusma ne prenne le relais.

Pour lutter contre Boko Haram, les États membres que sont le Nigéria, le Niger et le Bénin sont membres de la force multinationale de lutte contre Boko Haram.

- En Gambie, la médiation de la CEDEAO dans la crise postélectorale a connu un succès. Ainsi, une semaine après avoir félicité son adversaire à la présidentielle, Yahya Jammeh, au pouvoir depuis plus de 22 ans, conteste, le 10 décembre 2016, la victoire d'Adama Barrow. Face au refus du Président gambien de ne plus reconnaître les résultats de l'élection présidentielle qu'il avait préalablement lui-même reconnus, la CEDEAO a effectué dans ce pays trois missions de haut niveau composées de chefs d'État de la sous-région (Liberia, Nigéria, Sierra Leone, Ghana) et du représentant du Secrétaire général des Nations unies pour l'Afrique de l'Ouest pour convaincre Yahya Jammeh de céder le pouvoir à son opposant, Adama Barrow.

Entre-temps, le parti au pouvoir avait posé un recours auprès de la Cour suprême pour l'annulation des résultats de la présidentielle. Or, cette Cour suprême n'était plus au complet, faute de juges pour y siéger. Depuis mai 2015, il n'existait en Gambie aucun mécanisme légal légitime pour statuer sur le recours électoral du président sortant.

La CEDEAO a tout tenté pour ramener l'ancien dirigeant à la raison. Entre intervention armée et médiation, l'organisation ouest-africaine a réussi à faire partir Yayha Jammeh. Il convient de signaler que des troupes de la CEDEAO ont été déployées aux portes de la Gambie dans la soirée du 18 janvier 2017. Jammeh, qui connaissait de nombreuses défections dans son gouvernement, s'est fait également abandonner par son armée qui refusait de combattre à ses côtés. Le 19 janvier, après l'investiture d'Adama Barrow à l'ambassade gambienne du Sénégal – pays où il a résidé pour plusieurs jours –, un vote à l'ONU a autorisé une intervention armée en Gambie. Les soldats de la CEDEAO ont pénétré en Gambie. Le 20 janvier 2017, ultimatum a été donné à Jammeh de rendre le pouvoir avant midi au risque de s'y voir contraindre par les armes. Un choix payant puisque l'ancien Président a finalement quitté le pays le 21 janvier 2017, pour se réfugier en Guinée Équatoriale à la grande joie de milliers des Gambiens, dont environ 45 000 avaient fui vers le Sénégal voisin, par crainte de violences armées.

Il faut enfin rappeler le rôle important joué par la CEDEAO dans les crises ivoiriennes (médiation, gel d'avoirs, envoi de troupes, création d'un bureau représentant de la CEDEAO en Côte d'Ivoire, etc.), au Togo (l'intervention de la CEDEAO a permis la tenue de l'élection après la prise du pouvoir suite au décès de feu Gnassingbé Eyadema, et au Niger, elle a mené une médiation suite à la réticence de Mamadou Tandja de quitter le pouvoir, suivi du processus électoral, etc.).

C- La Délégation à la paix et à la sécurité de l'UEMOA

L'UEMOA, qui a succédé à l'UMOA, n'avait pas vocation à s'occuper de questions de paix et de sécurité. Il n'y avait pas de formulation expresse de la question sécuritaire. Aujourd'hui, au terme de l'article 15, il semble que cette préoccupation soit intégrée dorénavant. En effet, cet article dispose que les États membres se consultent en vue de prendre en commun les dispositions nécessaires afin d'éviter que le fonctionnement de l'Union ne soit affecté par les mesures que l'un d'eux pourrait être amené à prendre en cas de troubles intérieurs graves affectant l'ordre public, de guerre ou de tension internationale grave constituant une menace de guerre.

C'est conscients de la nécessité de maintenir la paix et la sécurité que les chefs d'État et de gouvernement ont créé un Comité de Haut niveau en vue de l'opérationnalisation du chantier paix et sécurité de l'UEMOA, dont la présidence a été confiée à Son Excellence M. Macky Sall, président de la République du Sénégal. Des avancées ont été enregistrées dans la mise en œuvre de ce chantier, avec l'adoption, le 24 octobre 2013, à Dakar, de l'Acte additionnel instituant une politique commune de l'UEMOA dans le domaine de la paix et de la sécurité[65] et la validation du document d'orientation sur la mise en œuvre du chantier Paix et sécurité. Les 12 et 13 février 2015, le Comité de Haut niveau sur la mise en œuvre du chantier Paix et sécurité de l'UEMOA s'est réuni à Dakar en vue d'examiner le projet de programme stratégique pour la paix et la sécurité, qui se décline en 5 axes, que sont :

- l'identification des axes sur lesquels devrait s'appuyer l'Union et ceux intervenant au titre de la mise en œuvre de la politique commune de paix et de sécurité ;

- la connaissance de la situation sécuritaire dans l'Union ainsi que les questions relatives à la gouvernance politique, la gestion des processus électoraux, la gestion des crises sociales, les conflits intercommunautaires et identitaires ;

---

[65] 17e Conférence des chefs d'État de l'UEMOA, Dakar, le 24 octobre 2013.

- les défis des pays membres de l'UEMOA en matière de paix et de sécurité ;

- les axes de gestion des périodes de consolidation de la paix et de reconstruction post-crises ;

- et enfin, les éléments globaux de la gestion de la politique commune de paix et de sécurité de l'UEMOA.

Le Comité de Haut niveau a recommandé au président de la Commission de l'UEMOA de mettre sur pied la Délégation à la paix et à la sécurité, qui devrait revêtir des contours administratifs souples, mais opérationnels.

En plus de la délégation, la mise en place d'un fonds pour la paix de l'UEMOA et de partenariats avec les pays extérieurs pour améliorer les capacités des pays membres de l'UEMOA est prévue. L'aspect « paix et sécurité » étant désormais pris en compte par l'UEMOA, il convient d'assurer une coordination avec les instruments de la CEDEAO pour éviter les doublons.

SECTION 2 : LES FAIBLESSES DES ORGANISATIONS D'INTÉGRATION EN AFRIQUE

Elles sont dues généralement à la volonté politique et aux contraintes financières et techniques.

Paragraphe 1 : La volonté politique

Le manque de volonté politique de certains États arc-boutés dans des égoïsmes de souveraineté nationale est parfois le principal obstacle au bon fonctionnement des organisations régionales et sous-régionales en général. À cet égard, la disparition de certains ténors du panafricanisme qui se sont illustrés dans le passé par leur forte conviction politique, leur poids économique avéré, risque de peser lourd dans la poursuite des combats pour plus de supranationalité à travers des organes dotés de réels pouvoirs et disposant des moyens financiers suffisants et prévisibles.

Dans le cadre de l'Union africaine, l'existence d'un problème de leadership est parfois préjudiciable à la bonne marche de l'institution du fait que le président et le Vice-président de la Commission sont tous deux élus par la Conférence. Les commissaires sont élus par le Conseil exécutif. Ils sont presque sur le même pied d'égalité en ce qui concerne la légitimité du choix individuel. Personne ne se sent redevable au chef de l'institution qui est le Président, mais à la Conférence ou le Conseil des ministres. Certains observateurs ont proposé une réforme du mode d'élection notamment, tout en maintenant un rôle aux États, suggèrent le passage des candidats à un comité de présélection. Certains ont même suggéré de laisser au président de la Commission la latitude de choisir ses plus proches collaborateurs, comme aux Nations unies.

La mise en œuvre de certaines décisions se pose parfois dans les États membres. Or, l'intégration suppose une délégation d'une partie de la souveraineté.

L'autre aspect important est la question de savoir si une Afrique unie et parlant d'une seule voix, maîtresse de sa destinée et de ses immenses richesses minières, énergétiques, forestières et fauniques, ne serait pas combattue par d'autres qui la verront comme une concurrente sinon un adversaire à abattre puisque susceptible de contester leur influence géostratégique ? En cela, les avantages commerciaux accordés à certaines parties du continent, faisant d'elles des zones de fortes croissances économiques, les appels du pied pour la mise en place de partenariats stratégiques séparés, au détriment de l'Afrique subsaharienne, sont autant de travers et de menaces qu'il convient de surmonter sur le chemin du panafricanisme. Ce qui précède justifie qu'il faut accélérer le processus de notre cheminement vers l'intégration.

Paragraphe 2 : Les contraintes financières

Des investigations faites auprès de certaines organisations africaines donnent un tableau peu reluisant sur le plan financier. Les arriérés s'accumulent parfois, les menaçant d'asphyxie. Les organisations interafricaines qui présentent une santé relativement bonne fonctionnent parfois avec des fonds extra-africains. L'absence d'un système de mobilisation de ressources suffisantes et prévisibles pour permettre aux organes intégrés de réaliser leur vision stratégique et leur plan d'action est une réalité.

Les contraintes financières sont l'un des facteurs principaux des organisations d'intégration. Si dans le cadre de la CEDEAO et de l'UEMOA, le débat ne se pose pas avec une très grande acuité, ce n'est pas le cas de l'UA, où il est noté que les estimations budgétaires actuelles montrent que 26 % du budget de programme et de fonctionnement de l'UA pour l'exercice 2015 étaient financés par les États membres, et le reste (74 %) par des partenaires externes. La formule actuelle du budget indique que l'UA dépend fortement de partenaires externes, ce qui est de nature à compromettre la mise en œuvre de ses programmes, étant donné que toute contrainte budgétaire des économies de ces partenaires est susceptible d'affecter leurs contributions au budget de l'organisation.

Parmi les décisions phares prises lors du 27e sommet des chefs d'État de l'Union africaine qui s'est tenu à Kigali le 18 juillet 2016, il y a la taxe de 0,2 % qui est un nouveau mécanisme pour le financement de l'UA. En fait, le constat gênant a été fait que 74 % du budget de l'UA proviennent de partenaires extérieurs. Pour pallier cette situation, une retraite des chefs d'État et de gouvernement a eu lieu à Kigali où cette décision a été prise. Ce sera une taxe sur les importations de certains produits, les fonds seront logés dans les banques centrales des États membres qui se chargeront de les transférer à la Commission de l'UA. Il reste maintenant à voir la mise en œuvre de ce mécanisme dans la réalité.

À la CEDEAO, les contributions des États au budget de la Commission étaient, avant 2000, la principale source de financement. Il était parfois constaté des retards dans les cotisations. Ces retards pesaient lourdement sur le fonctionnement des instruments de l'intégration. Certains États membres accusaient des arriérés importants au titre de leurs contributions financières aux budgets et fonds des institutions de la Communauté[66]. C'est pour faire face à cette situation que le prélèvement communautaire, qui est entré en vigueur depuis le 1er janvier 2000 et effectif en 2003, a été mis en place. Il est de 0,5 % de devoirs de taxes perçues par les États membres sur les importations en provenance de l'extérieur de la région. Le prélèvement communautaire (PC) a permis de résoudre le problème du paiement des contributions. Toutefois, certaines difficultés subsistent. Certains États membres qui appliquent le prélèvement ne reversent pas à temps ou en totalité les montants collectés au nom de la CEDEAO. Parfois, des difficultés techniques empêchent la CEDEAO de maîtriser le processus de reversement du Prélèvement Communautaire de Solidarité par certains États. Les pressions pour obtenir des États le paiement du PC existent. De façon classique, la veille des Conseils des ministres des organisations est le moment où les États se mettent généralement à jour. Les déplacements des présidents en exercice des Conseils des ministres sont également une autre occasion de sensibiliser sur le respect des obligations financières. De manière générale, les organisations prévoient des mesures pour obliger les États à se mettre en règle, mais ces mesures sont rarement appliquées : refus de

---

66 Cf. http://www.cedeao.org ou http://www.ecowas.int, l'état actuel des contributions.

financer des projets, retrait du droit à la parole, licenciement du personnel originaire des pays qui ne sont pas à jour et refus de leurs candidats pour les postes ultérieurs.

Paragraphe 3 : Les contraintes techniques des organisations sous-régionales africaines : rationalisation, dispersion et chevauchement

Elles sont relatives à la prolifération des organisations d'intégration à objet général ou sectorielles favorisant une dispersion et un chevauchement dans les domaines de compétence. La question n'est pas récente et avait fait l'objet de réflexion dans les années 1980.

À titre de rappel, en février 1982, le Conseil des ministres de la CEA, au cours de sa 5e réunion, avait demandé au Secrétariat exécutif de la CEDEAO de mener une étude sur la rationalisation des organisations intergouvernementales ouest-africaines, conformément au Plan d'action de Lagos.

À la suite d'une décision de la CCEG, la CEDEAO a présenté, en 1984, des propositions visant au renforcement de l'intégration économique en Afrique de l'Ouest, qui ont été présentées à la 7e Session de la CCEG en 1984.

En 1991, au Sommet d'Abuja, les États membres de la CEDEAO ont pris l'engagement de renoncer progressivement à poursuivre la réalisation des objectifs de la Communauté économique au sein de toutes les autres organisations intergouvernementales de l'Afrique de l'Ouest.

Dans le cadre des contributions au débat sur la rationalisation, il convient de signaler une étude intéressante présentée par Jeggan Senghor sur la rationalisation des organisations d'intégration intergouvernementales en Afrique de l'Ouest, qui a donné des éléments d'ordre statistique relatifs à cette question[67]. Selon M. Senghor, les problèmes posés peuvent être listés comme suit :

- en Afrique de l'Ouest, les huit États membres de l'UEMOA sont membres de la CEDEAO. Ils ont pratiquement les mêmes objectifs ;

- le Conseil de l'Entente créé en 1959 regroupe cinq États qui se retrouvent dans l'UEMOA et la CEDEAO ;

- l'Union du fleuve Mano (UFM) créée en 1973 (Liberia, Sierra Leone, Guinée) a ses membres qui se retrouvent au sein de la CEDEAO.

En dehors des organisations d'intégration générale, il y a plusieurs organisations sectorielles. On pourrait citer, dans le secteur de l'agriculture, la Communauté Économique du Bétail et de la Viande (CEBV) créée en 1970, l'Association pour le développement de la riziculture (ADRAO) créée en 1970, et le Conseil Africain de l'Arachide (CAA) créé en 1964. Un État, le Niger, est membre de ces trois organisations.

Compte tenu de la problématique posée, il faudrait rationaliser les organisations communautaires. L'idée de la fusion de la CEDEAO et de l'UEMOA pour en faire une organisation d'intégration unique est de plus en plus répandue. Le Traité de la Communauté économique africaine de 1991 désigne d'ailleurs la CEDEAO comme le cadre de l'intégration pour l'Afrique de l'Ouest. En vue d'une meilleure rationalisation et d'une meilleure efficacité, cette idée pertinente mérite une attention particulière. Elle pourrait être facilitée par la mise en place de la zone monétaire unique de l'Afrique de l'Ouest, qui n'est pas encore mise en place. Dans ce cadre, la CCEG, en 2000, a adopté pour le moment les statuts de l'Institut monétaire de

---

67 Voir notamment Jeggan C. SENGHOR, *Étude sur la rationalisation des organisations internationales en Afrique de l'Ouest*, Dakar, IDEP, 1997.

l'Afrique de l'Ouest (IMAO) et de la Banque Centrale Commune. Ce projet doit être encouragé et mis en œuvre.

Sous un autre registre, la création de l'OHADA a entraîné également des chevauchements et des difficultés dans le fonctionnement de certaines institutions locales. L'avènement des juridictions communautaires a un peu fragilisé le juge national dans ses compétences. La création de juridictions extérieures permet d'assurer l'unité d'interprétation des normes communautaires. En cela, la Cour de justice et d'arbitrage (CCJA) siégeant à Abidjan statue sur les recours en cassation contre les décisions des cours d'appel des États membres dans les matières entrant dans le domaine du droit des affaires, par application des règles communes qualifiées d'« actes uniformes ». Ainsi, les juridictions nationales de cassation sont écartées au profit de la Cour commune. Elles ne sont plus compétentes et sont reléguées au second plan dans l'œuvre d'unification et l'interprétation de la norme communautaire. Par conséquent, la CCJA est la seule juridiction communautaire à juger les recours en cassation en lieu et place des juridictions nationales. Certains observateurs estiment qu'il est difficile de comprendre que les cours suprêmes nationales, juges du droit, et à ce titre chargées d'examiner la conformité au droit des décisions des juges, qui se sont prononcés en appliquant aux faits qui leur ont été soumis les règles de droit applicables, soient dessaisies des pourvois en cassation au profit des juridictions communes. La Cour suprême est exclue de tout le processus de mise en œuvre du droit produit par le système OHADA.

Dans les matières relevant du droit harmonisé, les justiciables, pour soutenir un recours en cassation, devront se rendre à Abidjan, siège de la Cour commune. La distance pourrait être un frein à la saisine de cette Cour. C'est pourquoi la réflexion sur une révision des traités, en conférant aux juridictions nationales de cassation la compétence en matière de contentieux relatifs à l'application des actes uniformes, est agitée par des experts.

En dehors des facteurs précités, d'autres contraintes dues notamment à l'insuffisance des moyens logistiques pour les forces armées africaines, les obstacles et entraves à la libre circulation des personnes et des biens ainsi que les querelles de leadership, retardent les processus d'intégration.

CHAPITRE 2

DÉFIS PRIORITAIRES DE L'INTÉGRATION AFRICAINE

L'intégration africaine est un processus nécessaire qui n'a pas encore permis aux États africains de relever le défi du sous-développement. Sur les PMA (pays les moins avancés), 34 sont issus du continent africain. Plusieurs chantiers doivent être réalisés. Toutefois, il conviendrait de prioriser les actions. Dix (10) défis prioritaires nous paraissent pertinents pour une réussite du processus d'intégration en Afrique.

SECTION 1 : LE DÉFI DU RENFORCEMENT DES MOYENS FINANCIERS DE L'UNION AFRICAINE ET DES ORGANISATIONS SOUS-RÉGIONALES AFRICAINES

Compte tenu des difficultés financières des organisations sous-régionales et plus particulièrement de l'UA, il est indispensable de renforcer les moyens financiers pour plus d'efficacité. En effet, la solidité des moyens financiers constitue l'une des premières conditions de l'efficacité des OSR. L'insuffisance des ressources financières est un problème presque général.

Au niveau de l'UA, la solution préconisait l'adoption des sources alternatives de financement telles que proposées par le Président Obasanjo dans son rapport sur les sources alternatives de financement, à savoir prélever sur les billets d'avion une taxe à l'importation, une taxe sur la vente de certains biens de consommation de luxe, etc. C'est dans cette optique que la Conférence des chefs d'État et de gouvernement avait mandaté une étude dans ce sens. Un panel de haut niveau dirigé par S. E. M. Olusegun Obasanjo, ancien président de la République fédérale du Nigéria, a été constitué pour consulter les chefs d'État et de gouvernement à ce propos. Ce panel avait réalisé des consultations élargies et avait recommandé le recours à deux options, dont une serait une taxe d'accueil de 2 dollars US par séjour dans un établissement hôtelier, et l'autre un prélèvement de 10 dollars US sur les billets d'avion pour les vols internationaux en partance ou à destination de l'Afrique. La réunion du Groupe de travail ministériel de la Conférence des ministres africains de l'Économie et des Finances sur les sources alternatives de financement de l'Union africaine a eu lieu le 10 octobre 2014, à la mission de l'Union africaine à Washington DC, aux États-Unis d'Amérique.

Conformément à la décision de la Conférence de l'Union, la Commission de l'UA a présenté un rapport sur les modalités de mise en œuvre des deux options à la septième réunion annuelle conjointe de la Conférence des ministres africains des Finances, de la Planification et du Développement économique de la Commission économique des Nations unies pour l'Afrique (CEA) et de la Conférence des ministres africains de l'Économie et des Finances de l'UA, tenue en mars 2014, à Abuja. Les ministres ont pris note du rapport qu'ils ont examiné de manière exhaustive et ont décidé de mettre en place un groupe de travail interministériel. Ce groupe a soumis à la Conférence de l'Union des recommandations sur les deux options proposées par le panel de haut niveau, ainsi que d'autres options. Il a invité instamment les ministres à faire des propositions à l'attention de la Conférence de l'Union sur la nécessité pour l'Union d'être moins dépendante des partenaires extérieurs pour financer son budget.

Pour assister le groupe de travail ministériel dans cette tâche, elle avait invité la CEA à élaborer une étude, qui a été faite et intitulée « Sources alternatives de financement de l'Union africaine ». L'étude avait proposé que les États membres couvrent progressivement la totalité du budget de l'Union africaine selon la formule suivante : 100 % du budget de fonctionnement, 75 % du budget de programme et 25 % du budget des opérations de maintien de la paix. L'étude a indiqué que l'adoption de la formule proposée conduirait à une augmentation des contributions statutaires des États membres. Il a donc été proposé que pour faire face à la hausse de leurs quotes-parts, les États membres pourraient mobiliser des ressources supplémentaires hors fisc. Cette formule sera appliquée progressivement sur cinq ans à partir de 2016. Pour ce faire, l'étude suggérait que les États membres envisagent d'adopter, entre autres, un prélèvement d'une taxe de 10 dollars US sur les billets d'avion pour les vols internationaux en partance ou à destination de l'Afrique, une taxe d'accueil de 2 dollars US par séjour dans un établissement hôtelier, et une taxe sur chaque message texte. De cette manière, les États membres pourraient mobiliser en 2015, 2016 et 2017 respectivement 431 millions de dollars US, 485 millions de dollars US et 546 millions de dollars US par la taxe de 10 dollars US ; 151 millions de dollars US, 167 millions de dollars US et 184 millions de dollars US avec la taxe d'accueil de 2 dollars US ; et 872 millions de dollars US, 1,17 milliard de dollars US et 1,6 milliard de dollars US avec la taxe de 0,005 dollar US.

L'étude avait examiné le scénario où les pays sont regroupés en trois catégories : 60 % du budget couverts à parts égales par les pays dont le PIB dépasse 4 %, 25 % du budget payés à parts égales par les pays ayant un PIB entre 1 et 4 %, et 15 % du budget également partagés par les pays dont le PIB est en dessous de 1 %. Six pays (l'Afrique du

Sud, l'Algérie, l'Angola, l'Égypte, la Libye et le Nigéria) sont dans la première catégorie et partageront uniformément 60 % du budget de l'UA, ensuite 12 pays sont dans le second groupe (le Cameroun, l'Éthiopie, le Gabon, le Ghana, la Guinée Équatoriale, le Kenya, la République du Congo, le Soudan, la Tanzanie, la Tunisie, l'Ouganda et la Zambie) et assureront 25 % du budget, et le reste, 36 États membres, figurant dans la troisième catégorie, assureront les 15 % restants.

Le groupe de travail ministériel de la Conférence des ministres africains de l'Économie et des Finances sur les sources alternatives de financement de l'Union africaine avait adopté les recommandations suivantes :

- la nécessité pour l'UA d'assurer une plus grande partie de son budget par l'adoption d'une formule budgétaire lui permettant de couvrir 100 % de son budget de fonctionnement, 75 % de son budget de programmes et 25 % de son budget des opérations de soutien à la paix. Cette formule sera mise en œuvre progressivement pendant cinq ans à partir de 2016 ;

- les États membres devront mobiliser des ressources hors fisc pour faire face à leurs contributions statutaires en adoptant une taxe sur les billets pour les vols internationaux en provenance ou à partir de l'Afrique, une taxe d'hospitalité, et une taxe sur les textos. Toutefois, les États membres peuvent décider de continuer de payer leurs contributions statutaires par leur fisc ou autres options qu'ils préfèrent ;

- les États membres devront être regroupés en trois catégories : 60 % du budget couverts à parts égales par les pays dont le PIB continental dépasse 4 %, 25 % du budget pris en charge par les pays dont le PIB continental se situe entre 1 et 4 %, et 15 % du budget également partagé par les pays dont le PIB continental est inférieur à 1 % ;

- l'Union africaine devra renforcer sa capacité de perception des contributions statutaires et renforcer sa capacité à amener les États membres à respecter leurs engagements. À cet égard, l'UA devra prendre contact avec la Banque Africaine de Développement sur la possibilité de mettre au point un mécanisme efficace de perception.

Aujourd'hui, la décision d'instituer une taxe de 0,2 % a été prise lors du 27e sommet des chefs d'État de l'Union africaine, qui s'est tenu à Kigali le 18 juillet 2016. Les chefs d'État et de gouvernement ont adopté la décision 605 relative au principe d'un prélèvement de 0,2 % sur les biens importés en dehors du continent pour financer, dès 2017, et à 100 %, le budget de fonctionnement de l'Union, à 75 % son budget-programme, et à 25 % son budget relatif aux activités liées à la paix et à la sécurité.

Ce principe s'inspire de celui actuellement mis en œuvre par la CEDEAO. Les fonds seront logés dans les banques centrales des États membres qui se chargeront de les transférer à la commission de l'UA.

Les montants recouvrés du prélèvement doivent automatiquement être versés par l'administration nationale dans un compte ouvert pour l'Union africaine dans les banques centrales de chacun des États membres à l'intention de l'Organisation.

À cet effet, la Commission de l'Union africaine (CUA) a tenu une réunion consultative des ministres africains des Finances, à Addis-Abeba, les 15 et 16 septembre 2016, pour adopter une stratégie sur la mise en œuvre de la décision précitée. Ainsi, un Comité de dix (10) ministres des Finances (F10) a été mis sur pied à l'effet de donner des orientations, de participer à la préparation du budget annuel de l'Union et d'adopter des directives pour la mise en œuvre de cette décision.

En décembre 2016, la présidente de la CUA, tout en transmettant les directives à tous les États membres, les a, par la même occasion, informés des activités entreprises et les a invités à communiquer les mesures qu'ils ont prises pour faciliter la mise en œuvre au niveau national.

Dans le cadre des délibérations du F10, les États membres ont convenu de faire de 2017 une année transitoire pour permettre aux pays d'harmoniser leurs réglementations internes.

Cependant, dans l'intervalle, les États membres continueront d'honorer leurs obligations statutaires au budget ordinaire et au Fonds sur la paix.

Enfin, il a été demandé aux États membres de mettre en place le cadre fiscal nécessaire pour permettre à la Commission d'ouvrir des comptes à la trésorerie ou dans les banques centrales.

Au niveau de l'UEMOA, le principal défi est le financement du Programme économique régional. Il constitue un vaste chantier qui nécessite de nouvelles stratégies et surtout un financement innovant à travers les partenariats public-privé ou privé-privé. En effet, le Programme économique régional présenté à Abidjan a été arrêté à la somme de 4 400 milliards de FCFA. L'UEMOA a récolté 2 200 milliards. Par conséquent, des financements innovants ont été nécessaires. C'est ce qui a justifié l'organisation de la Conférence qui s'est tenue à Dubaï pour réduire le gap. Des contrats entre partenaires privés et l'Union ont été signés à la suite de cette rencontre, au titre du PER.

À la CEDEAO, l'enjeu est de renforcer les capacités financières de l'institution communautaire pour faciliter le bon fonctionnement de l'organisation. Le prélèvement communautaire est de 0,5 % de devoirs de charges perçues par les États membres sur les importations en provenance de l'extérieur de la région[68].

Il est constamment demandé aux États d'appliquer systématiquement le Protocole et les mécanismes du prélèvement communautaire afin de fournir à la Communauté les fonds nécessaires lui permettant de respecter ses obligations financières en constante augmentation. L'année 2014 a été plutôt difficile pour la CEDEAO, parce qu'elle a été obligée de faire des efforts particuliers pour surmonter les défis graves causés par la crise d'Ebola dans la région, de réorganiser les programmes pour tenir dûment compte des six nouveaux commissaires et d'élargir les opérations malgré les sérieuses difficultés de financement provoquées par le prélèvement communautaire. L'adhésion du Maroc ainsi que le retour espéré de la Mauritanie pourraient améliorer les capacités financières de la CEDEAO. Au total, les OCA devraient faire de plus en plus appel, en dehors des PCS, aux financements innovants qui peuvent être de diverses sources (taxe sur les billets d'avion, taxe sur les appels téléphoniques, taxe sur les textos, taxe sur les nuitées touristiques dans les hôtels, taxe sur les transactions financières en Afrique, etc.).

SECTION 2 : LE DÉFI DE LA PAIX, DE LA SÉCURITÉ ET DE LA PROMOTION DE LA CULTURE DÉMOCRATIQUE

Aucune action en faveur du développement ne saurait aboutir valablement si la paix et la sécurité ne sont pas assurées sur notre continent. Beaucoup d'efforts ont été faits à ce niveau, même s'ils sont pour l'instant insuffisants.

---

[68] Cf. Allocution du président de la Commission de la CEDEAO, Kadré Désiré Ouédraogo, lors de la cérémonie d'ouverture, le lundi 1er décembre 2014, lors de la 16e réunion du Comité d'administration et des finances de la CEDEAO (AFC) à Abuja.

En effet, l'Afrique est le continent qui accueille le plus d'opérations de maintien de la paix des Nations unies.

Les récentes crises en Centrafrique et au Mali ont démontré la nécessité quasi impérieuse pour l'Afrique de se doter d'une force armée d'intervention rapide. Cette idée, réitérée à l'occasion du Sommet de l'Élysée sur la paix et la sécurité en Afrique en décembre 2013, devrait revêtir un caractère plus international avec l'implication des Nations unies, qui pourraient renforcer par exemple le mécanisme mis en place en mai 2012 par l'Union africaine, à savoir la capacité africaine de réponse immédiate aux crises (CARIC). À cet égard, la Communauté internationale devrait soutenir la mise en place de la CARIC. L'opérationnalisation d'initiatives importantes comme la force africaine en attente et celle de la capacité africaine de réponse immédiate aux crises sont à la traîne en raison d'un manque de soutien financier et logistique de la part des États membres.

Il convient de rappeler que l'idée de la création d'une force africaine est récurrente depuis les études sur l'OUA et à l'occasion des réunions des dirigeants africains. Les pays occidentaux ont également proposé des formules de force de maintien de la paix[69]. Les arguments relatifs à la création d'une force africaine de maintien ont été nombreux et ont été d'origine africaine et extérieure. Les leaders politiques

---

[69] Le projet américain a d'abord été initié par le Congrès américain, qui a adopté une loi concernant la gestion des conflits en Afrique, mais qui n'avait qu'un volet financier. C'est en 1996 que le secrétaire d'État américain Warren Christopher lança le concept d'African crisis Response force (ACRF). Le Sénégal a mené la première étape du programme ACRI, débuté en 1997 et qui s'est poursuivi en Ouganda, au Malawi, au Mali et au Ghana. En plus de l'ACRI, le Renforcement des capacités africaines de maintien de la paix (RECAMP) a été lancé par la France. Il avait un volet financier, logistique et de formation.

africains ont toujours avancé des idées sur la création d'une force africaine.

En 1960, Kwame Nkrumah avait lancé l'idée d'un commandement militaire unifié, en lui assignant quatre rôles :

- résoudre toutes les crises africaines ;
- éviter les interventions étrangères dans les conflits interafricains ;
- défendre l'intégrité territoriale des États membres ;
- parachever la libération du continent.

À sa création, l'OUA avait créé une Commission de défense dont l'une des missions était de susciter la coopération internationale en matière de défense. Lors de sa deuxième session, la Commission avait recommandé la création d'une organisation africaine de défense pour le maintien de la paix, et demandé aux États de désigner des formations stationnées dans leur pays et qui seraient mises à la disposition de l'OUA pour ses opérations (agressions extra-africaines, troubles intérieurs graves, conflits entre États).

En 1965, cette Commission se réunit en Sierra Leone (2 et 3 avril) et recommande la création d'une organisation africaine de défense et de maintien de la paix et l'uniformisation de la formation militaire.

En 1970, elle se réunit à Lagos et propose la création d'un comité d'experts militaires chargé de la coordination des bureaux nationaux.

Ces recommandations n'ont pas été appliquées et un comité des quinze (15) experts militaires a été créé en 1971 pour continuer le travail. Réunie à Addis-Abeba, cette structure a fait des propositions dans trois domaines :

- unité de défense régionale : il s'agit de regrouper les États par zone de défense pour qu'ils élaborent ensemble des plans en matière de renseignement, d'opérations et de logistique.

- standardisation de l'équipement et de l'armement (au niveau sous-régional) et formation.

Le Secrétaire général de l'OUA envoya ces propositions aux États pour étude, mais aucune suite n'a été apportée à ce dossier.

Puis, en 1978, le Sommet France-Afrique réuni à Paris a avancé l'idée d'une force africaine qui pourrait être envoyée au Sahara pour la relève des militaires français et belges.

Lors de sa 6e Session ordinaire tenue à Addis-Abeba en avril 1979, la Commission a envisagé la force interafricaine sous quatre aspects :

1. Définition des menaces à la sécurité de l'Afrique. Ces menaces sont l'apartheid, les frontières, les agressions africaines par des puissances, les ingérences de puissances dans les conflits ;

2. Conditions d'engagement de la force : elle serait engagée en cas de négociation, d'arbitrage ou sur consentement des États (en cas de conflits internes) ;

3. Structure de la force : le Conseil de défense jouerait le rôle de CS sous la supervision des chefs d'État. Il serait aidé par le Comité des chefs d'État-major et disposerait d'un État-major. Il travaillerait en collaboration avec le conseiller en défense du SG et disposerait des forces de défense ;

4. Le financement : la force serait financée par un fonds général de défense constitué par les contributions des États et un fonds spécial créé en cas de besoin pour une intervention ponctuelle.

Ces propositions ont été entérinées par les 15e (1978) et 16e (1979) sessions de la CCEG, mais l'étude complémentaire sur le coût a fait reculer les leaders.

Par ailleurs, sur initiative de la Sierra Leone, l'OUA s'était orientée également vers la création d'un Conseil politique de sécurité (résolution RES CM/RES, 789 (XXXV) en juin 1980.

D'autres mécanismes avaient vu le jour. C'est ainsi que sur initiative du Nigéria et de l'Ouganda, des solutions ont été proposées pour la création de la Conférence sur la sécurité, la stabilité, le développement et la coopération en Afrique (CSSDCA).

Aujourd'hui, devant les multiples situations de crises sur le continent, couplées aux difficultés voire à l'incapacité de certains États à assurer leur sécurité, les dirigeants africains ont institué le Conseil de paix et de sécurité (CPS), selon l'article 5-2 de l'acte fondateur de l'UA de 2002, qui « constitue un système de sécurité collective et d'alerte rapide, visant à permettre une réaction rapide et efficace aux situations de conflits et de crise en Afrique ». Le schéma militaire et institutionnel adopté par les chefs d'État africains prévoyait la mise en place progressive d'une force africaine en attente (FAA) d'ici 2010. L'essentiel de ces forces sera en réalité géré au niveau d'organisations régionales (la Communauté Économique des États d'Afrique de l'Ouest [CEDEAO], la Communauté sud-africaine de Développement [SADC], l'Autorité intergouvernementale pour le Développement (IGAD], la Communauté Économique et Monétaire de l'Afrique Centrale (CEMAC] et l'Afrique du Nord). Chacune de ces régions devra abriter une brigade de la FAA.

La FAA est conçue pour répondre à six types de missions :

Scénario 1 : aide militaire pour une mission politique ;

Scénario 2 : mission d'observation déployée conjointement avec une mission des Nations unies ;

Scénario 3 : mission d'observation sans appui de l'ONU ;

Scénario 4 : déploiement d'une force de maintien de la paix (chapitre VI) et missions de déploiement préventif ;

Scénario 5 : force de maintien de la paix pour des missions complexes et multidimensionnelles (humanitaire, désarmement, administration, etc.) avec présence de groupes hostiles. Le déploiement complet doit être effectué dans les 90 jours suivant le mandat donné par l'UA. La composante militaire doit pouvoir se déployer dans les 30 jours ;

Scénario 6 : intervention d'urgence, par exemple dans le cas de génocide lorsque la Communauté internationale ne réagit pas assez rapidement. L'objectif est ici d'obtenir le déploiement d'une force militaire conséquente dans les 14 jours.

Les missions relatives aux scénarios 1 à 4 peuvent être menées par une seule brigade régionale. L'objectif est alors d'obtenir un déploiement dans les 30 jours suivant l'adoption de la résolution de l'UA lui donnant mandat. Les missions 5 et 6 nécessitent en revanche une intervention au niveau continental. La capacité de répondre dans les conditions prévues aux scénarios évoqués nécessite des moyens importants.

Au niveau des organisations régionales, chacune d'elle devra être dotée d'une brigade en attente de 3 500 à 6 500 hommes repartis dans différentes armées nationales, entre 300 et 500 observateurs et 240 policiers civils, ainsi qu'un nombre indéterminé d'experts civils de droits de l'homme et d'assistance humanitaire. Les délais d'intervention pour les différents scénarios nécessitent également l'emploi de personnel dédié de manière permanente et exclusive à la FAA. Le projet prévoit qu'au moins 170 véhicules militaires et hélicoptères soient mis à la disposition de chacune des cinq organisations régionales. Il était initialement prévu que la force africaine en attente soit mise en place en deux phases. La phase 1 s'étendait jusqu'en 2005. Les organisations régionales devaient avoir commencé à disposer de leur brigade et d'une force en attente de taille mais déjà opérationnelle. La seconde phase s'étendait jusqu'en 2010[70]. À cette date, l'UA devait être capable de mener des opérations de maintien de la paix complexes (scénario 5).

Les progrès ont été très inégaux parmi les régions africaines.

La force en attente de la CEDEAO (FAC) est effective. Il est prévu qu'elle rassemble une force d'intervention de 1 500 soldats à déployer en 30 jours et une brigade de 5 000 soldats à déployer en 90 jours. Il faudrait toutefois renforcer les exercices militaires pour plus de pratique. En effet, les formations militaires anglophones sont différentes des formations francophones.

La Brigade en attente de l'Afrique de l'Est (EASBRIG) a progressé. Les pays de l'IGAD (Rwanda, Soudan, Kenya, Djibouti, Ouganda, Éthiopie et Madagascar) ont décidé, en avril 2005, de consacrer un budget annuel de 2,5 millions de dollars pour la mise en place de la brigade en attente.

S'agissant de l'UMA (Union du Maghreb arabe), créée en 1989, elle devait mettre en place une brigade régionale en attente, ou NARC (North African Régional Capacity),

---

[70] Pour affiner le dispositif de la FAA, les chefs d'État-major d'Afrique, au cours de leur troisième réunion des 15 et 16 mai 2003, ont adopté un texte, entériné par la Conférence de l'UA du 6 au 8 juin 2004, Doc, Assembly /AU/DEC, 35 (II), Rev, 1, appelé « Document-cadre pour la mise en place de la FAA et du Comité d'État-major ».

pour participer aux opérations de maintien de la paix. Elle n'est pas effective en raison de certains facteurs, dont le terrorisme, le Printemps arabe ou les divergences politiques sur certaines questions comme le Sahara occidental. Pourtant, les ministres de la Défense de certains pays d'Afrique du Nord (Libye, Égypte, Algérie) avaient, au cours d'une réunion tenue à Tripoli le 23 décembre 2008, décidé de la constitution d'une armée maghrébine sous l'égide de l'UA.

Au sein de la CEMAC, le projet de brigade régionale a peu progressé. La force africaine en attente de l'Afrique centrale (FAAC) est composée d'une brigade (ECCASBAIG). Quant à la SADC[71], elle a mis en place sa brigade régionale d'attente (SADCBRIG) en février 2007 avec un PLANELM à Gaborone. Elle a ficelé son processus d'opérationnalisation avec l'exercice GOLFINHO et FTX en septembre 2000, en Afrique du Sud.

Même si les deux régions (CEDEAO et SADC) ont progressé, l'on peut dire que les plans définis dans le plan initial de l'UA[72] n'ont pas encore été tous atteints.

En attendant, l'effectivité des forces africaines en attente, qui recèlent beaucoup d'avantages en termes de localisation dans la zone géographique et de diligence dans le déploiement, la force africaine de réaction aux crises

---

[71] Les pays de la SADC sont : l'Afrique du Sud, l'Angola, le Botswana, le Lesotho, le Malawi, l'île Maurice, le Mozambique, la Namibie, la RDC, les Seychelles, le Swaziland, la Tanzanie, la Zambie, le Zimbabwe.

[72] Trois feuilles de route avaient été adoptées (juin 2006–mars 2008), 2 (avril 2008–décembre 2010) et 3 (2011-2014) par le CTSDSS lors de sa 5e réunion ordinaire du 26 octobre 2011 et par le Conseil exécutif de l'UA lors de la 5e session ordinaire de janvier 2012 (Décision EX.CL/DEC 681 pour l'opérationnalisation de la FAA en 2015).

(CARIC) a été proposée[73]. Ce qui précède montre que la volonté politique des États de l'UA devrait être renforcée pour l'effectivité de la FAA. Elle pourrait être le meilleur moyen d'encourager les bailleurs internationaux à aider l'Afrique à se doter d'outils efficaces de maintien de la paix. L'avantage de cette force serait de pallier à la difficulté pour l'ONU de trouver des contingents et l'emploi de cette force se ferait conformément à la Charte des Nations unies. C'est pourquoi elle doit être fortement appuyée par la Communauté internationale, que ce soit l'ONU ou les pays partenaires extérieurs.

Par ailleurs, la promotion de la culture démocratique et des droits de l'homme est également nécessaire pour asseoir un véritable développement. Même si la tâche n'est pas facile, elle doit demeurer une constante priorité.

Section 3 : Le défi de la bonne gouvernance et du renforcement de l'agriculture et de l'industrie

L'Afrique est le continent le plus touché et le plus exposé à la pauvreté. C'est aussi en Afrique que les conflits armés font le plus de ravages. Ceci conforte l'idée selon laquelle la pauvreté a un effet direct sur la violence, dans la mesure où les pays développés semblent être à l'abri des conflits violents. Dans cette logique, on peut valablement soutenir que « sans développement, il n'y a guère d'espoir de réduire les conflits en Afrique ». Le progrès socio-économique reste le meilleur outil pour prévenir les conflits. Dans l'optique de réduire la pauvreté endémique en Afrique, c'est-à-dire lutter contre la misère économique

---

[73] La CARIC a été proposée lors du cinquantième anniversaire de l'OUA/UA, le 27 mai 2013. La 21e session ordinaire de la Conférence de l'UA a entériné la création de la CARIC. Il est prévu de mobiliser 1 500 hommes rapidement avec une autonomie de 30 jours. La CARIC est une initiative de l'Afrique du Sud.

et sociale, les États africains doivent mettre l'accent sur la bonne gouvernance économique, qui implique la transparence dans la gestion des affaires publiques et la redevabilité. Elle peut être définie comme le processus par lequel le pouvoir s'exerce dans la gestion des programmes économiques, politiques et sociaux, ainsi que dans la capacité du secteur public à concevoir, à formuler et à mettre en œuvre des politiques susceptibles d'améliorer les conditions de vie des populations. Il existe un lien évident entre la gestion des conflits et la bonne gouvernance, dans la mesure où une gouvernance bien menée vise toujours la satisfaction des besoins de la population. Par conséquent, la bonne gouvernance constitue par essence le meilleur instrument de prévention des conflits. Malgré les cadres existants au niveau de certaines organisations (Convention de l'Union africaine sur la prévention de la corruption), le plaidoyer de la lutte contre la corruption doit être renforcé.

Il est évident que pour lutter contre le sous-développement en Afrique, les États africains devraient accélérer les réformes de l'environnement des affaires pour attirer plus d'investissements directs étrangers (IDE) et ériger en priorité l'agriculture et l'industrie comme moteurs de la croissance et de l'emploi. Les politiques néolibérales et la mauvaise vision avaient détruit l'agriculture africaine. Les institutions de Bretton Woods disaient aux pays africains qu'ils ne doivent pas s'industrialiser parce que les produits industriels seraient acquis à l'extérieur à moindre prix. Si l'on prend le cas des pays asiatiques (Chine, Malaisie et Corée du Sud), ils sont arrivés à l'émergence grâce surtout à l'industrialisation. C'est pourquoi les organisations d'intégration doivent aider les pays membres et faire le plaidoyer pour la création de parcs industriels ou de zones économiques spéciales en vue de favoriser l'industrialisation de leurs pays. Les organisations comme l'UA, la CEDEAO, l'UEMOA, la CEMAC ou autres peuvent signer des accords de collaboration avec l'ONUDI dans ce sens.

S'agissant de la politique agricole régionale au niveau de la CEDEAO, elle bute sur le financement, qui reste encore dépendant de l'aide extérieure. Les engagements pris en 2009 de financer à hauteur de 150 millions de dollars (environ 90 milliards de FCFA) le plan quinquennal, n'ont pas été tous respectés, même si sur les 15 États membres, 9 ont réussi à respecter les 10 % de leur budget consacré à l'agriculture. Les autres pays doivent faire des efforts dans ce sens. Ainsi, une plus grande harmonisation des pays de la CEDEAO et de l'UEMOA est une priorité absolue. L'on pourrait demander aux États membres d'augmenter la part de leurs budgets alloués à l'agriculture et à l'industrie.

Au niveau de l'UA, les États doivent redoubler d'efforts pour atteindre les objectifs du Nouveau partenariat pour le développement de l'Afrique (NEPAD)[74], qui a comme objectifs de permettre à l'Afrique de combler son retard par rapport aux régions développées du monde. La finalité du programme est de mettre un terme à la marginalisation du continent et de permettre l'insertion des économies africaines dans l'économie mondiale.

Le NEPAD est un programme innovant. Sa nouveauté réside dans son initiative africaine[75].

Il met également l'accent sur l'aspect « partenariat » en établissant de nouvelles bases dans les rapports entre

---

[74] Le NEPAD est né en 2001 de la fusion de deux propositions de plan pour le développement de l'Afrique, avancées, d'une part, par le Sénégal, « Plan Omega », et d'autre part, par l'Afrique du Sud, l'Algérie et le Nigéria, « Millennium Africain Renaissance Partnership Programme » (MAP). Les États africains, à travers les engagements consentis.

[75] Voir Moustapha KASSÉ et Ben HAMMOUDA, *Le NEPAD et les enjeux du développement en Afrique,* Paris, Maisonneuve et Larose, 2003.

l'Afrique et ses partenaires du Nord. L'aspect essentiel du nouveau partenariat est la mise sur pied d'une aide permettant aux Africains de faire aboutir les projets qu'ils ont eux-mêmes entrepris. Il met l'accent sur certains principes (bonne gouvernance, lutte contre la corruption, la démocratie) pour attirer le maximum de capitaux privés et accorde une place importante à l'agriculture, aux infrastructures, à l'environnement, à la santé, à l'éducation et au renforcement des capacités des femmes. En effet, le NEPAD considère que les insuffisances en matière d'infrastructures (routes, autoroutes, ports maritimes, aéroports, chemins de fer, réseaux de télécommunication) handicapent sérieusement la croissance économique et la réduction de la pauvreté.

En ce qui concerne l'agriculture, le NEPAD a relevé qu'elle emploie la majorité de la population africaine. Il convient, dès lors, d'augmenter les moyens et de diversifier la production tout en améliorant la qualité.

Malgré ce projet ambitieux, le NEPAD se heurte encore à des difficultés quant à sa mise en œuvre. En effet, il convient de trouver une solution au problème relatif à la mobilisation des ressources financières. L'absence de clarification dans les engagements des bailleurs de fonds a eu pour cause de ralentir la concrétisation des projets du NEPAD. D'autres obstacles entravent son application. Le manque d'appropriation des projets, les contraintes liées au défaut d'harmonisation des politiques et des réglementations, l'insuffisance de coordination entre les mécanismes institutionnels du NEPAD et les Communautés économiques régionales (CER) constituent des freins à la mise en œuvre du NEPAD[76]. L'enjeu pour les dirigeants africains consistera à trouver les moyens de résoudre la

---

[76] Les dirigeants du G8 n'ont pas encore accordé toute la priorité au NEPAD.

problématique de sa mise en œuvre afin d'atteindre les objectifs définis. Le NEPAD est un ambitieux projet qui pourrait participer au développement économique et social du continent. En tant que tel, il mérite un plus grand soutien de la communauté internationale.

SECTION 4 : LE DÉFI D'UNE PLUS GRANDE SOLIDARITÉ DANS LA LUTTE CONTRE LE TERRORISME

Aujourd'hui, l'une des plus grandes menaces pesant sur la plupart de nos États est le terrorisme. Il est indispensable pour les pays d'Afrique de l'Ouest de faire davantage preuve de solidarité afin de faire face aux menaces terroristes dans la région.

En dépit des efforts déployés, la situation sécuritaire reste préoccupante dans la sous-région, marquée par la recrudescence du terrorisme et autres crimes perpétrés par des groupes armés. La coopération entre les forces des pays du Sahel, qui est déjà effective, devrait être renforcée. Cette coopération devrait s'élargir aux autres pays de l'espace ouest-africain, car la lutte contre ces phénomènes nécessite une approche régionale et mondiale. La création récente d'une force multinationale de lutte contre le groupe islamiste nigérian Boko Haram est à saluer et à renforcer. Les récents attentats terroristes survenus aux hôtels le Radisson Blue de Bamako, le Splendid au Burkina Faso et à Grand Bassam en Côte d'Ivoire, montrent la nécessité de renforcer le contrôle sur l'entrée aux frontières et de mettre en place un véritable plan d'action régional de lutte contre le terrorisme.

Les États membres de la CEDEAO devraient renforcer le renseignement dans leurs États membres. La CEDEAO devrait créer une structure chargée de coordonner les renseignements des cellules nationales des États.

Sur le plan continental, la Convention d'Alger de 1999 et son plan d'action adopté en 2002 ont donné naissance au Centre africain d'étude et de recherche sur le terrorisme (CAERT). Ce centre, créé en 2000 et basé à Alger avec un réseau de 47 points focaux nationaux et 7 points focaux régionaux, est une structure du contreterrorisme africain.

Il convient de signaler également qu'au sein de l'UA, le fonds spécial de l'Union africaine pour la prévention contre le terrorisme et l'extrémisme violent a été créé. Mis en place lors du 27ème Sommet des chefs d'État et de gouvernement de l'Union, il vise à compléter les actions de l'Organisation dans les domaines suivants :

- le renforcement des capacités pour une mise en œuvre du programme continental contre le terrorisme ;

- le financement des activités pour lutter contre la propagande ;

- la lutte contre l'extrémisme violent pour renforcer la résilience des femmes et des enfants.

Ce fonds, alimenté par les contributions volontaires des États membres et des partenaires, sera géré par un Comité dont les membres seront élus.

SECTION 5 : LE DÉFI DU RENFORCEMENT DU COMMERCE INTERAFRICAIN POUR LA MISE EN ŒUVRE D'UN MARCHÉ UNIQUE AFRICAIN

L'intégration africaine n'a pas encore répondu aux attentes, notamment en termes d'échanges entre pays. Contrairement à l'Asie et à l'Europe, dont la majorité des pays commercent entre eux, les pays africains souffrent toujours de lenteurs aux frontières, et de formalités de douane et coûts de commerce plus importants qu'ailleurs.

En outre, le manque d'industries locales – plus de 80 % de la main-d'œuvre en Afrique travaille dans l'agriculture vivrière et le secteur informel – limite souvent les possibilités d'import-export. La nécessité de renforcer considérablement le commerce interafricain est justifiée par le fait que seuls 12 % environ des échanges commerciaux en Afrique ont lieu entre pays du continent (contre 55 % en Asie et 70 % en Europe). C'est pourquoi les États de l'UEMOA et de la CEDEAO qui ont déjà des tarifs préférentiels entre eux doivent redoubler leurs efforts pour promouvoir le commerce interafricain à un niveau supérieur.

Mais il convient de signaler que le rêve d'un marché unique africain du Cap au Caire commence à prendre forme avec la signature de l'accord sur le Traité de libre-échange tripartite. Après cinq ans de négociations, un peu plus longues que prévu, l'acte de naissance du Traité de libre-échange tripartite (TFTA) a été signé le 10 juin 2015. Il constitue un grand marché commun unissant 26 des 54 pays africains et crée un cadre pour aller vers des tarifs douaniers préférentiels. L'ensemble regroupera le Marché commun des États d'Afrique australe et de l'Est (COMESA), la Communauté d'Afrique de l'Est (EAC) et la Communauté de développement d'Afrique australe (SADC), soit plus de 625 millions d'habitants et plus de 1 000 milliards de dollars de PIB. Le Traité prévoit la création de tarifs douaniers préférentiels et l'élimination des barrières non tarifaires. Le protectionnisme des pays étant un frein à la libre circulation des marchandises, les pays signataires espèrent une augmentation de 20 % à 30 % des échanges commerciaux entre pays membres de cet espace.

Très hétérogènes, ces trois blocs se chevauchent en partie. La « tripartite » englobera l'Afrique du Sud et l'Égypte, deux économies importantes du continent, mais aussi des pays dynamiques comme l'Éthiopie ou le Kenya. Le Nigéria, premier PIB d'Afrique notamment grâce au pétrole, ne fait pas partie de cet ensemble. Le lancement de la zone de libre-échange tripartite[77] est une étape majeure pour le continent africain, qui remonte sur le plan de Lagos de l'Union africaine et au Traité d'Abuja, visant à créer une communauté économique africaine.

Outre les obstacles institutionnels, d'autres facteurs expliquent que le commerce intra-africain demeure embryonnaire bien qu'en expansion, et notamment la faible industrialisation. D'autres facteurs sont à signaler, comme la délivrance du nombre de documents à produire pour l'importation et l'exportation (sept à huit papiers de douane en moyenne en Afrique, contre quatre ou cinq en Europe), en tenant compte aussi de délais et de coûts de franchissement des frontières ainsi que du nombre de jours pour dédouaner une marchandise. Il faut ainsi compter en moyenne une trentaine de jours en Afrique pour dédouaner une marchandise (sauf au Maghreb), contre une dizaine dans l'Union européenne[78]. Les pays africains, surtout s'ils sont enclavés, cumulent des coûts de commerce supérieurs et des frontières plus épaisses qu'ailleurs, souligne le rapport 2015 de l'OCDE et du PNUD, qui chiffre à 61 milliards de dollars environ les exportations intra-africaines en 2013 (+ 50 % par rapport à 2010). La création du TFTA est à saluer. Pour entrer en vigueur, le Traité de libre-échange tripartite devra être ratifié par les parlements des 26 pays.

Au titre des recommandations, les États membres de la CEDEAO pourraient s'associer à l'Accord tripartite, le

[77] Les pays membres de la Tripartite sont l'Angola, le Botswana, le Burundi, les Comores, la RD Congo, Djibouti, l'Égypte, l'Érythrée, l'Éthiopie, le Kenya, le Lesotho, la Libye, Madagascar, le Malawi, l'île Maurice, le Mozambique, la Namibie, le Rwanda, les Seychelles, l'Afrique du Sud, le Soudan, le Swaziland, l'Ouganda, la Tanzanie, la Zambie et le Zimbabwe. Le Sud-Soudan devrait rejoindre cet accord.

[78] Voir le rapport de 2015 de l'OCDE et du PNUD, « Perspectives économiques de l'Afrique ».

grand marché commun des États d'Afrique Australe et de l'Est (COMESA), la Communauté d'Afrique de l'Est (EAC) et la Communauté de développement d'Afrique australe (SADC).

En outre, la CEDEAO pourrait envisager l'ouverture de négociations avec la CEMAC, qui regroupe généralement des pays francophones et utilisant le franc CFA comme monnaie, pour la mise en place d'une zone de libre-échange.

Dans le cadre de la promotion des échanges commerciaux, des avancées sont notées au niveau de l'Union africaine (UA). En effet, lors du 25e sommet de l'Union africaine le 15 juin 2015, le Président Macky Sall, en sa qualité de président en exercice de la Communauté Économique des États de l'Afrique de l'Ouest (CEDEAO) et président du Comité africain de haut niveau sur le Commerce (HATC), a présenté le rapport du comité qui s'est réuni en sa 5e session le 13 juin 2015 à Johannesburg. Ce rapport a formulé un certain nombre de recommandations qui portent sur :

1- Les objectifs et principes directeurs des négociations pour la mise en œuvre de la zone de libre-échange continentale, qui doit être approuvée par la Conférence.

2- La feuille de route, à titre indicatif, pour la création de la zone de libre-échange continentale (ZLEC)

3- Les termes de référence pour le forum de négociation de la zone de libre-échange continentale, les dispositions institutionnelles ainsi que les projets de décisions et de déclarations relatives au lancement des négociations. Ce rapport a été adopté à l'unanimité par les chefs d'État et de gouvernement.

En vue de renforcer le commerce intra-africain, les États membres de l'UEMOA et de la CEDEAO devraient organiser régulièrement des foires commerciales régionales

(UEMOA, CEDEAO, CEMAC, SADEC, etc.) dans les pays respectifs, qui permettront aux acteurs de se rencontrer pour tirer profit des nombreuses opportunités. Des fonds supplémentaires devraient être prévus pour renforcer la tenue régulière des foires générales et sectorielles.

SECTION 6 : LE DÉFI DE LA JEUNESSE ET DU RENFORCEMENT DE LA CITOYENNETÉ COMMUNAUTAIRE

L'intégration africaine ne peut réellement réussir sans le développement d'un sentiment d'appartenance à la même communauté. Ce sentiment doit être surtout créé au niveau des jeunes, car constituant l'avenir. En effet, les jeunes représentent la moitié de la population africaine. En 2040, l'Afrique comptera deux milliards d'habitants, soit un milliard de plus qu'aujourd'hui, et la majeure partie de cette population sera très jeune. Elle représentera 40 % de la jeunesse mondiale. Dès à présent, nous devons donc bien plus les soutenir et investir en leur faveur. Ils sont confrontés principalement au problème du chômage. La situation du manque d'emploi est capable d'être une menace pour la stabilité et la paix sociale. Il faut une approche régionale dont la finalité est de bâtir une stratégie gagnante contre le chômage et le sous-emploi qui frappent la sous-région. Elle passe par la mise en place d'un outil à même de produire et de diffuser l'information pertinente sur l'évolution de la situation professionnelle. Le continent est très touché par ce fléau, surtout chez les jeunes dont la moyenne d'âge est de 15 à 20 ans. Il faut y faire face pour garantir la stabilité.

Dans l'UEMOA, il y a une harmonisation des actions traduites par la mise en place de la Conférence des ministres en charge de l'Emploi et de la Formation professionnelle de l'espace de l'Union Économique Monétaire Ouest-Africaine (UEMOA), qui se tient régulièrement. L'une des recommandations principales à faire pourrait être de mettre l'accent sur le renforcement de la qualification des jeunes pour une meilleure adéquation avec les besoins des entreprises afin que la demande puisse coïncider avec l'offre.

Au niveau de l'espace communautaire de la CEDEAO, l'emploi des jeunes constitue également une préoccupation majeure qui mérite une attention particulière. Il existe un plan d'action pour l'emploi des jeunes adopté en 2012.

La CEDEAO, ayant pris conscience de la jeunesse de sa population, s'est appuyée sur cette force pour essayer d'atteindre ses objectifs, notamment à travers sa politique de jeunesse, qui s'articule autour de la contribution effective des jeunes à un développement social, économique et culturel qui soit inclusif. Cette nouvelle orientation date de 1983 avec la recommandation A/REC.1/5/83 pour la mobilisation inclusive des différentes couches de la population dans le processus d'intégration. Cette démarche a été matérialisée en 2003 avec l'adoption, lors du premier forum de la jeunesse, du communiqué stratégique pour le développement et l'autonomisation de la jeunesse. La mise en œuvre de cette stratégie a permis en 2005 la transformation de la Conférence des ministres de la Jeunesse de la CEDEAO en Centre de développement de la jeunesse et du sport (CDJS), qui depuis est très actif car responsable du développement du sport dans toute la région. Ce centre, basé à Ouagadougou, est le bras opérationnel de la CEDEAO dans sa politique en faveur des jeunes. Il a comme mission de former les jeunes de la sous-région dans l'entrepreneuriat agricole, l'élevage et l'artisanat, et de leur faire acquérir des compétences distinctives qui pourront faciliter leur insertion professionnelle.

De plus, ce centre, dans sa vision de promouvoir le sport comme facteur d'intégration pour arriver à une CEDEAO des peuples en 2020, a organisé un tour cycliste international qui, depuis 2009, année de la 1ère édition, a traversé plusieurs pays de la sous-région. Tous ces efforts méritent d'être salués et renforcés.

Dans le domaine de l'emploi des jeunes, le partenariat avec les pays occidentaux est important. La réalité est parfois dramatique en raison de la vague d'immigration des jeunes du continent vers l'Europe. Au-delà du drame que constituent les flux migratoires, la meilleure réponse à apporter aux flux migratoires incontrôlés est un partenariat économique gagnant-gagnant entre l'Europe et l'Afrique. Un partenariat qui prend en compte les rapports historiques entre les deux continents et qui mettrait fin à l'injustice économique et financière que subit l'Afrique à travers des contrats d'exploitation de ses ressources naturelles, souvent inéquitables et injustes. L'Afrique doit s'organiser sur le plan continental et sous-régional pour apporter une réponse qui se déclinera forcément à travers des réponses nationales. La responsabilité des leaders africains consiste à trouver des solutions pour fixer les populations africaines sur le continent.

Il convient de saluer la décision prise par l'Europe lors du 2e sommet UE-Afrique sur les migrants, tenu à Malte les 11 et 12 novembre 2015, de lancer un fonds d'urgence pour la stabilité et la gestion des causes à l'origine des migrations irrégulières et des personnes déplacées en Afrique. Le fonds sera constitué de 1,8 milliard d'euros (1,93 milliard de dollars) en provenance du budget de l'UE et du Fonds européen pour le développement, et complété par des contributions des pays membres de l'UE et d'autres donateurs. Selon la Commission européenne, les contributions des pays membres de l'UE s'élèvent en 2015 à environ 81,2 millions d'euros et elle s'attend à d'autres contributions. Le fonds bénéficiera à tout un ensemble de pays en Afrique englobant les principales routes de migration depuis l'Afrique vers l'Europe. Les pays et les régions sont principalement situés dans le Sahel, la région du lac du Tchad, la corne de l'Afrique et l'Afrique du Nord. Le fonds de l'UE s'ajoute aux 20 milliards d'euros existants en aide au développement que l'UE et les pays membres donnent chaque année à l'Afrique. Des projets qui peuvent être financés par le fonds sont des programmes de création d'emplois pour les jeunes et les femmes, en restant axés sur la formation professionnelle et la création de micro et de petites entreprises. Sont également concernés les projets qui soutiennent la réintégration de ceux qui reviennent dans leurs villages. Le fonds aidera des projets soutenant des services de base pour les populations locales, des projets améliorant la gestion des migrations, participant à l'amélioration de la gouvernance globale, en particulier en encourageant la prévention des conflits et en appliquant l'État de droit. Il financera également des actions pouvant contribuer à éviter ou à contrer la radicalisation et l'extrémisme.

Tout en saluant cette initiative, ce fonds devrait être flexible sur les mécanismes de financement pour avoir les impacts souhaités sur les bénéficiaires.

L'Afrique a des défis majeurs en matière de développement et en matière de création d'emplois. L'UE doit privilégier l'assistance dans le financement de projets en matière d'emploi au lieu de mettre l'accent sur la barricade du Frontex. Aujourd'hui, il est nécessaire qu'un traitement avec la dignité requise et une collaboration internationale soient mis en œuvre pour que l'Afrique assure l'avenir de sa jeunesse. Il faut mettre fin à la détérioration des termes de l'échange et à l'injustice dans les relations d'affaires. Les contrats et les codes qui déterminent et qui régulent les secteurs des hydrocarbures et des mines ne permettent pas aux pays africains d'avoir des ressources financières à la hauteur de leurs potentialités.

Cette problématique de l'emploi des jeunes doit encore bénéficier de toute l'attention requise au niveau des organisations sous-régionales. Les Commissions de l'UA, de l'UEMOA et de la CEDEAO devraient renforcer leurs politiques communes dans le domaine de l'emploi des jeunes, qui constituent la majorité de la population dans l'espace africain et ouest-africain.

Par ailleurs, une plus grande sensibilisation des jeunes et des femmes sur les questions d'intégration nous paraît nécessaire. En effet, l'intégration ne peut réussir sans une réelle implication des populations. La CEDEAO a lancé une bonne initiative à travers la semaine de l'intégration africaine, qu'il faut saluer.

Concernant particulièrement les femmes, le Centre de la CEDEAO pour le développement du genre (CCDG), qui joue un rôle important dans la promotion du Genre, a validé son manuel d'intégration genre, un document élaboré dans le cadre de son mandat de travailler à l'instauration, dans les pays membres de cette organisation, d'un environnement garantissant l'égalité des chances entre hommes et femmes. Élaboré en 2007 et révisé en 2011 ce document dénommé « Manuel d'apprentissage et du formateur » se veut un guide, un outil pédagogique à la disposition de tous les acteurs travaillant sur la matière, qu'ils soient étatiques ou de la société civile, pour non seulement leur permettre de mieux cerner la notion du genre, mais également de mieux l'intégrer dans les politiques de programmation, en vue de rendre effective la réalisation de l'égalité entre hommes et femmes au sein de l'espace.

Enfin, l'éducation à la citoyenneté communautaire pourrait être le meilleur vivier pour apprendre aux jeunes Africains les enjeux et les défis de l'intégration en Afrique. Ainsi, les programmes enseignés dans les lycées et universités devraient comprendre des enseignements sur l'intégration en Afrique.

SECTION 7 : LE DÉFI DE LA MUTUALISATION DES FORCES POUR LE DÉVELOPPEMENT DE L'ÉNERGIE

L'accès à l'énergie est une urgence absolue pour le continent africain. Malgré ses nombreuses ressources énergétiques, l'Afrique reste l'une des régions du monde où l'électricité est la plus chère. Beaucoup de perturbations et de coupures sont notées, causant beaucoup de souffrance et de désagréments aux populations. Quand des populations payent cher l'électricité et continuent de subir les coupures répétées, il ne leur reste que la rue pour exprimer leur colère, ce qui devient une sérieuse menace pour la paix, la sécurité et la stabilité des pays. Quand en Asie, le consommateur paie seulement 4 centimes de dollars, le consommateur africain paie trois fois plus, soit 14 centimes de dollars (13 centimes d'euros) son kilowattheure. Les pays africains consacrent environ 30 % de leurs revenus à l'énergie[79]. Compte tenu de ce qui précède et même si des efforts sont en train d'être faits dans certains pays dans le domaine des énergies renouvelables, la question de l'énergie doit rester au cœur de l'agenda de l'UEMOA, de la CEDEAO et de l'Union africaine. En effet, avec un ensoleillement abondant dans la plupart des pays ouest-africains, le solaire doit demeurer une priorité. Des propositions ont été faites dans le cadre du 25e sommet de l'Union africaine, tenu le 15 juin 2015 à Sandton, en Afrique du Sud. Le Président sénégalais M. Macky Sall a proposé la création d'un fonds pour la mise en place d'un instrument de gestion énergétique doté d'un budget de 5 milliards de dollars pour permettre aux pays africains de faire face à la question cruciale de l'énergie en Afrique,

[79] Sur la question de l'énergie en Afrique, voir *Jeune Afrique* du 15 juin 2015.

dans le but de capter et de sécuriser les investissements dans ce domaine.

Dans le cadre de la CEDEAO, il faut se féliciter de la décision des chefs d'État et de gouvernement[80] qui ont donné leur accord pour une synergie de leurs ressources électriques en vue d'établir un marché régional de l'électricité pouvant mettre un terme aux coupures de courant qui pénalisent ses 15 pays membres depuis des décennies. À l'occasion de ce Sommet, les chefs d'État de la zone ont marqué leur engagement pour la mise en place d'un marché régional de l'électricité, près de 20 ans après la conception de ce plan directeur (Transco CLSG a été mis en place par le West African Power Pool [WAPP], système d'échange d'énergie électrique ouest-africain). Cet organe, fondé en 2000, rassemble les compagnies nationales d'électricité de 14 des 15 pays membres de la CEDEAO et développe 1 300 km de lignes d'interconnexion électriques à travers la Côte d'Ivoire, la Guinée, le Liberia et la Sierra Leone. C'est une bonne initiative à saluer et qui doit être mise en œuvre. En effet, la mise en place d'un marché ouest-africain de l'électricité vise à l'intégration des systèmes électriques nationaux des États membres de la CEDEAO dans un seul marché unifié, permettant de stimuler les échanges d'électricité entre les pays de la zone. Déjà, un consortium d'institutions internationales, parmi lesquelles la Banque Mondiale, la Banque Africaine de Développement (BAD), la Banque Européenne d'Investissement (BEI) et la Banque Allemande d'Exportation, ont accepté d'injecter 329 millions d'euros sur 25 ans dans le projet de création de ce marché régional de l'électricité, qui implique l'augmentation des capacités électriques de la zone CEDEAO et la construction de lignes de transport d'électricité à travers la région.

---

[80] 47e session ordinaire de la Conférence des chefs d'État et de gouvernement de la CEDEAO, tenue à Accra, le 15 mai 2015.

Même s'il faut saluer ce financement, certains experts estiment qu'il faudra mobiliser davantage d'investissements pour finaliser ce programme. D'ici dix ans, l'Afrique de l'Ouest possèdera suffisamment de centrales électriques et d'installations d'interconnexion électrique[81]. La région produit actuellement 10 000 mégawatts d'électricité et comporte 4 000 km de lignes de transmission, mais il faudrait 26 000 mégawatts de capacité électrique et 16 000 km de lignes pour combler le déficit en énergie.

Concernant l'UEMOA, il y a un volet énergétique avec la mise en place de l'initiative régionale pour l'énergie durable (IRED). Son objet est de permettre à l'ensemble des citoyens de l'union d'accéder à une énergie à bas prix au sein d'un vaste marché d'échanges d'énergie électrique intégrée harmonisée, à l'échelle de l'Afrique de l'Ouest, produisant une énergie propre, mais également s'appuyant sur des financements innovants, notamment le partenariat public/privé. Cette initiative est une réponse aux différentes crises que cette partie de l'Afrique continue de vivre. Aujourd'hui, les économies des pays de l'UEMOA sont très affectées par le manque d'énergie. Il faudrait se tourner vers des pôles de production, comme cela se fait en Europe, et tirer cette énergie vers les pays, car jusqu'ici, plus de 500 milliards ont été mobilisés dans le cadre de l'UEMOA sans que cela n'ait donné les résultats escomptés. Seule une mobilisation accrue à travers une mutualisation de nos efforts et moyens d'action, dans le cadre d'une approche globale, permettra de faire face plus efficacement à la question de l'énergie en Afrique.

---

[81] Sur le West African Power Pool (WAPP), lire l'interview du directeur de projet chez Transco CLSG, cité par l'Agence Reuters, *Jeune Afrique* du vendredi 19 juin 2015.

On ne peut parler d'énergie en Afrique sans parler d'Electrify Africa Act[82].

En effet, le Président américain Barack Obama avait signé le 8 février 2016 l'acte de promulgation de la loi sur l'électrification de l'Afrique (Electrify Africa Act). Cette action symbolise le nouvel engagement des États-Unis d'Amérique pour l'accélération de l'électrification de l'Afrique. L'Electrify Africa Act vient renforcer l'initiative Power Africa lancée en 2013. À ce jour, cette initiative a permis de mobiliser 20 milliards de dollars d'engagement du secteur privé pour la génération de 4 100 mégawatts d'électricité et la connexion de 4 millions de personnes. De son côté, l'Electrify Africa Act vise la fourniture de l'électricité à 50 millions de personnes en Afrique d'ici 2020.

Pour cela, les promoteurs devront œuvrer à la génération d'environ 20 000 wm supplémentaires d'électricité, favoriser les réformes réglementaires et de transparence nécessaires au développement du secteur, et mettre en place les mécanismes nécessaires à la participation du secteur privé. Aujourd'hui, l'Afrique compte seulement 290 millions de personnes qui ont accès à l'électricité sur une population de 915 millions. Les efforts de renforcement de la couverture électrique prennent de l'ampleur, mais restent inférieurs à la progression démographique du continent. La consommation électrique de l'Afrique subsaharienne est inférieure à celle de l'Espagne. Au rythme de progression actuel, on estime que l'Afrique ne sera pas totalement électrifiée avant 2080. Selon les experts, les problèmes liés à l'accès à l'énergie coûtent à l'Afrique subsaharienne entre 2 à 4 points de PIB par an. Pour l'ensemble de l'Afrique, les besoins en investissements

---

82 Voir l'article d'Abdoul Salam Bello dans *Jeune Afrique* du 8 mars 2016.

pour satisfaire la demande et assurer un accès pour tous à l'électricité d'ici 2030 sont estimés à environ 55 milliards de dollars par an. Des réformes adéquates dans les pays et un renforcement de la coopération régionale seront nécessaires. Dans cette perspective, le groupe de la Banque Africaine de Développement (BAD) a dévoilé son nouveau pacte pour l'énergie en Afrique (New Deal for Energy in Africa), une initiative historique et ambitieuse qui vise à combler l'énorme déficit énergétique de l'Afrique d'ici à 2025.

Face à ces défis, de nombreux pays comme le Maroc, le Rwanda, etc., ont pris la mesure de l'urgence et agissent en conséquence. Mais ces efforts, si importants soient-ils, nécessitent une approche sous-régionale ou régionale pour faire face au défi de l'électrification en Afrique.

SECTION 8 : LES DÉFIS ENVIRONNEMENTAUX

Avec le changement climatique qui devient de plus en plus une réalité, il convient de prendre sérieusement en charge les défis environnementaux compte tenu du fait que l'espace UEMOA-CEDEAO fait partie des zones les plus vulnérables à ce phénomène, qui pourraient hypothéquer tous les efforts pour le développement futur de cet espace.

En dehors des plans d'action nationaux des pays, la CEDEAO, l'UEMOA et l'UA devraient davantage renforcer leurs stratégies d'intervention face aux questions environnementales et notamment face à celle du changement climatique.

Dans le cadre de la COP 21, les pays de l'Afrique de l'Ouest qui ont coordonné leurs positions lors de cette Conférence à Paris doivent respecter leurs engagements pris dans le cadre des contributions nationales. Il faudrait également que les 100 milliards de dollars US promis soient décaissés pour la mise en œuvre des projets retenus.

Pour prendre en charge la question du changement climatique, l'UA a créé un Comité des chefs d'État et de gouvernement sur les changements climatiques (**CAHOSCC** dans son sigle anglais). Ce Comité a œuvré au renforcement de la position africaine durant la Conférence de Paris sur les changements climatiques (**COP 21**) ainsi que celle de Marrakech (**COP 22**). Cette stratégie a permis de jeter les bases d'activités régionales.

La mise en œuvre de l'Accord de Paris sur le climat ne doit pas affecter l'équilibre budgétaire des pays africains qui ne sont pas les plus grands émetteurs de gaz carbonique, mais qui souffrent le plus de ses effets pernicieux, notamment dans le secteur de l'agriculture et sur les ressources maritimes.

Il appartient maintenant au groupe des experts africains présidé par le Mali d'œuvrer dans le but de renforcer ses positions pour défendre les intérêts de l'Afrique. Le CAHOSCC est actuellement présidé par Son Excellence M. Ali Bongo Ondimba, président de la République du Gabon.

Section 9 : Le défi de l'accélération de la mise en place de la monnaie commune et de l'intégration en Afrique de l'Ouest

La monnaie est un levier économique important pour les États. Plusieurs observateurs se posent la question de savoir si un pays peut se développer sans avoir la maîtrise de sa monnaie. La CEDEAO souhaite se doter d'une monnaie commune à l'horizon 2020. Elle prévoit une première étape avec la mise en place d'une banque centrale en 2019.
Cette problématique a été soulevée et des jalons sont en train d'être posés avec la mise en place de la Zone monétaire unique de l'Afrique de l'Ouest qui n'est cependant pas encore effective. Déjà, la CCEG, en 2000, a adopté les statuts de l'Institut monétaire de l'Afrique de l'Ouest (IMAO) et de la Banque centrale commune.

L'IMAO siège à Accra, au Ghana. Il a commencé ses travaux pour la création de cette banque[83].

Ce processus de création d'une monnaie unique devrait être accéléré par les instances communautaires. Sur les 15 pays membres de la CEDEAO, les huit sont dans la zone UEMOA.

Par ailleurs, de plus en plus d'observateurs avertis sur les questions d'intégration estiment que la finalité du processus d'intégration africaine devrait consister à avoir une seule et même organisation sous-régionale regroupant les États membres de la CEDEAO et de l'UEMOA. Elle permettrait des économies d'échelle, une plus grande efficacité dans les interventions, de renforcer les synergies et la gouvernance. Un tel scénario est bien possible. Déjà, il existe une coopération entre les deux entités précitées. En effet, sur recommandation du Sommet des chefs d'État et de gouvernement de la CEDEAO de Lomé en 1999, l'UEMOA et la CEDEAO ont signé, le 5 mai 2004, un accord de coopération[84] qui institue un secrétariat technique conjoint qui a pour mission de rechercher les complémentarités et de favoriser les synergies dans la mise en œuvre des chantiers d'intégration. Les passerelles existent donc entre les deux institutions. Aujourd'hui, la

---

83 Cf. Rapport d'activités de la CEDEAO du premier trimestre 2001, Abuja, avril 2001, p. 6

84 Les présidents des commissions de la CEDEAO, Kadré Désiré Ouédraogo et de l'UEMOA, Cheikh Hadjibou Soumaré, se sont rencontrés le 24 novembre 2015 à Abuja, au Nigéria, pour faire le point de l'état d'avancement du processus de convergence entre les deux organisations régionales. Cette session de rencontres interinstitutionnelles CEDEAO-UEMOA est la 15e du genre. Elle se tient dans le cadre de l'application des dispositions de l'Accord de coopération et de partenariat signé entre les deux institutions en mai 2004. Cet accord prévoit dans ses dispositions deux réunions interinstitutionnelles chaque année alternativement à Ouagadougou et à Abuja, aux sièges des deux Commissions.

mise en place d'un tarif extérieur commun pour l'ensemble des pays de l'espace CEDEAO constitue une étape importante vers une convergence économique avec l'UEMOA.

SECTION 10 : LE DÉFI DU TRANSPORT AÉRIEN ET FERROVIAIRE EN AFRIQUE

Les obstacles au développement du transport aérien en Afrique sont de divers ordres :

- L'insuffisance de la connectivité intra-africaine :

Avec la disparition de la compagnie Air Afrique, le transport aérien transfrontalier en Afrique est devenu plus difficile. La connectivité intra-africaine est très insuffisante, ce qui fait que les passagers doivent souvent parcourir des milliers de kilomètres hors du continent juste pour trouver une correspondance pour certaines destinations sur le même continent. Seul un quart des itinéraires intra-africains est, de fait, desservi par une seule compagnie aérienne. Malgré l'accord signé à Yamoussoukro en 1999 par les États africains afin de libéraliser entièrement le marché régional, les mesures restrictives et protectionnistes sont plutôt omniprésentes.

- Le nombre élevé des accidents :

Parmi les compagnies aériennes interdites dans le ciel européen, la majorité se trouve en Afrique et en Asie[85].

- Le problème de la durabilité des compagnies aériennes africaines :

Entre les années 1970 et 1980, on comptait environ 36 compagnies aériennes sur le continent et 26 d'entre elles effectuaient des vols intercontinentaux. Aujourd'hui, il n'en

---

85 Pour connaître la liste noire des compagnies aériennes mise à jour, consulter : https://ec.europa.eu/transport/modes/air/safety/air-ban_en

reste qu'à peine 12 pour assurer les liaisons intercontinentales. Au cours des deux dernières décennies, 37 nouvelles compagnies aériennes au total ont été lancées en Afrique, mais la quasi-totalité a disparu. Le trafic long-courrier du continent est, à 80 %, dominé par des transporteurs non africains.

- Les tarifs élevés :

La cherté des redevances d'atterrissage, des taxes exorbitantes prélevées sur les billets d'avion, ainsi que du prix du kérosène au-dessus de la moyenne (près de 30 % plus élevé qu'en Europe) constitue également un facteur qui nuit à la performance du transport aérien. Il convient de signaler que les compagnies occidentales et celles du Moyen-Orient bénéficient parfois de subventions sous diverses formes (facilités de crédits à l'exportation, subventions prix essence, assurances, etc.), ce qui rend difficile la concurrence.

- Solutions et perspectives :

C'est pour améliorer la connectivité intra-africaine et faisant suite à la volonté commune des pays d'Afrique de l'Ouest réunis au sein de la CEDEAO[86] de promouvoir la libre circulation des personnes et des biens, que la compagnie privée aérienne Asky Airlines a été créée. Elle apporte sa contribution dans le cadre de la desserte de plusieurs pays africains. Présent dans le ciel africain depuis 2010, elle a pour ambition d'être dans quelques années une des compagnies phares en Afrique dans le domaine du transport aérien en Afrique. Elle couvre actuellement 23 destinations réparties dans 19 pays d'Afrique de l'Ouest et du Centre avec une flotte de 7 avions ayant une moyenne d'âge de 5 ans. Il convient de signaler qu'Ethiopian Airlines

---

[86] Conférence de la Communauté économique des États d'Afrique de l'Ouest (CEDEAO) et l'Union Ouest-Africaine Économique et Monétaire (UEMOA) à Niamey, au Niger, le 10 janvier 2004.

est devenu le partenaire technique et stratégique d'Asky en vertu d'un contrat de gestion.

Le défi à relever pour le futur de la compagnie aérienne pour une pérennisation de ses activités est la disposition d'une flotte suffisante capable de relier le plus grand nombre de pays africains de la région au monde.

Pour autant, d'autres compagnies africaines non moins nombreuses comme la Royal Air Maroc, Ethiopian Airlines, Kenyan Airways, Egyptair ou South Africa Airways, apportent leur contribution à la desserte des pays africains et entre l'Afrique et le reste du monde. Mais devant la concurrence des compagnies étrangères puissantes (Air France, Brussels Airlines, Emirates, Turkish Airlines, Delta Airlines, etc.) et face à la tendance mondiale qui est au regroupement et à la concentration, il est aujourd'hui plus que nécessaire que les compagnies africaines se regroupent pour former des alliances fortes et compétitives, alliances qui sont essentielles pour surmonter les problèmes de l'aviation en Afrique.

Avec 15 % de la population de la planète, l'Afrique ne représente qu'une proportion relativement faible (en fait, moins de 3 %) du trafic aérien mondial. Cependant, quoique réduit, le marché du transport africain se développe rapidement.

Selon les statistiques de la Commission économique des Nations unies pour l'Afrique[87], le nombre de passagers du transport aérien international n'a cessé d'augmenter d'année en année depuis 2004, sauf en 2011 où il a connu une chute à cause de l'instabilité politique dans certaines régions d'Afrique du Nord. Le nombre de passagers transportés par les compagnies aériennes africaines est

---

87 Lire l'article de Carlos Lopes, secrétaire exécutif de la CEA, publié le 12 septembre 2016 dans l'édition en ligne du *East African*, et le 20 septembre 2016 à la une de *Chroniques No Comments*.

passé de moins de 40 millions en 2004 à 73,8 millions en 2013. Celui des passagers effectuant des vols intérieurs dans la région a aussi considérablement augmenté, atteignant le chiffre de 28 millions de personnes en 2013[88].

Cette croissance devrait se poursuivre. D'après les prévisions à long terme de Boeing pour la période 2014–2033, le trafic aérien en provenance et à destination de l'Afrique, entraîné par une conjoncture économique favorable, la croissance des liens commerciaux et une classe moyenne en essor, devrait croître d'environ 6 % par an au cours des deux prochaines décennies. Cette augmentation du trafic aérien se traduirait par une demande de 1 170 nouveaux avions, représentant une valeur de 160 milliards de dollars US[89].

Pour faire face à la concurrence internationale, les États africains doivent renforcer la libéralisation des airs, leurs infrastructures aéroportuaires et améliorer la formation de leur personnel. Ils doivent s'orienter également vers l'adoption d'un cadre réglementaire propice pour la libéralisation de leur espace aérien (une politique de ciel ouvert) s'ils veulent que leur secteur aérien soit rentable et plus reconnu au niveau mondial.

Selon l'IATA, déréglementer et libéraliser les services aériens africains dans 12 marchés clés suffirait à créer 155 000 emplois et dégager 1,3 milliard de dollars de recettes. Le continent doit créer plus de possibilités de voyager par avion à peu de frais. En 2013, la pénétration des compagnies aériennes à bas prix en Afrique était la plus faible du monde, avec moins de 10 % du total du trafic aérien du continent. En tout état de cause, les États africains

---

88 E. Chingosho, 46e assemblée générale annuelle de l'Association des compagnies aériennes africaines, Rapport du Secrétaire général, 10 novembre 2014, Alger (Algérie).

89 Boeing Commercial Airplanes (2015). Current market outlook.

ainsi que les compagnies aériennes africaines doivent mutualiser leurs forces dans le domaine du transport aérien, qui est un secteur très compétitif.

En plus du renforcement de la connectivité par air, le développement du réseau ferroviaire à grande vitesse est un défi important. Au-delà du transport de personnes, son impact sur le commerce intra-africain n'est plus à démontrer. Dans le cadre du renforcement du transport ferroviaire en Afrique, la Chine a marqué sa disponibilité à construire avec ce continent le réseau autoroutier, le réseau ferroviaire à grande vitesse et le réseau aérien régional du continent, dans le but d'y favoriser l'intégration et la communication. Dans le cadre de la mise en œuvre de ce projet, il a été signé le 27 janvier 2015 à Addis-Abeba, entre l'UA et la Chine, un protocole d'accord pour un vaste projet d'infrastructures destinées à relier les capitales africaines au moyen d'autoroutes, de trains à grande vitesse et de liaisons aériennes. Les pays de l'Afrique de l'Est ont fait des progrès importants dans cette voie. Les autres sous-régions doivent accélérer le développement du réseau ferroviaire pour favoriser l'intégration africaine.

CONCLUSION

L'intégration est un processus qui est nécessaire en Afrique. Malgré certains acquis, les États africains doivent surmonter des écueils pour une plus grande liberté de circulation des personnes, des biens, des services, ainsi que le développement socio-économique de leurs pays. Deux aspects paraissent très importants pour une réussite de l'intégration africaine.

Le premier est le renforcement de la paix et de la sécurité. Aujourd'hui, il est unanimement reconnu que sans paix et stabilité, il n'y a pas de développement. L'approche régionale de résolution des conflits qui existe est à perfectionner. Le progrès socio-économique doit être considéré comme le meilleur outil pour prévenir les conflits. Par conséquent, les États africains doivent surtout mettre l'accent sur la bonne gouvernance.

L'autre grand défi est le développement du commerce intra-africain. Actuellement, le commerce mondial est dominé par l'offre de grands blocs économiques, notamment l'Amérique du Nord, l'Union européenne et les pays asiatiques tels que la Chine, l'Inde, la Corée du Sud, la Malaisie, etc. Ces pays ont très tôt admis l'importance du commerce en tant que moteur de la croissance économique et du développement, comme en attestent les politiques axées sur la promotion des exportations et des investissements, qu'ils mènent depuis des décennies. Seuls 12 % environ des échanges commerciaux en Afrique ont lieu entre pays du continent contre 55 % en Asie et 70 % en Europe. Contrairement à ces pays, beaucoup de PMA ne soulignent pas assez le rôle moteur du commerce dans leurs plans et stratégies de développement. Il faut noter la place souvent secondaire réservée au commerce par les institutions et acteurs concernés dans nombre de pays en développement. Or, il convient d'avoir une vision plus large du commerce comme instrument de développement et d'assurer une véritable intégration du commerce dans la stratégie de développement du pays. Pour ce faire, un véritable plan d'intégration du commerce est nécessaire. Une fois le commerce intégré dans les plans et stratégies nationaux de développement par les pays les moins avancés (PMA), il pourra avoir un impact plus significatif dans le développement de nos économies.

En conclusion, l'intégration africaine est un processus nécessaire et complexe. Fondée sur les principes de solidarité et de subsidiarité, elle implique, pour sa réussite, le respect des critères de convergence par les États membres. Il est également important de rappeler qu'en plus de la mise en place des politiques sectorielles et communes dans le cadre de l'intégration, le développement suppose surtout un changement de mentalités et de comportements dans nos États membres pour l'impulsion d'un véritable décollage.

Références bibliographiques

Ouvrages généraux

- BIPOUN-WOUM, J. M., *Le Droit international africain : problèmes généraux, règlement des conflits*, Paris, LGDJ, 1970.
- COT, Jean-Pierre, Alain PELLET, Mathias FORTEAU, *La Charte des Nations unies, Commentaire article par article*, Paris, Economica, 3e édition, 1991.
- DIAKITÉ, Kémoko, *La justice pénale internationale en Afrique : aspects juridiques, défis et perspectives,* Paris, L'Harmattan, 2014.
- DIOP, Cheikh Anta, *Les fondements économiques et culturels d'un État fédéral d'Afrique noire,* Paris, Présence africaine, 1974.
- DOOB, L. W., *La résolution des conflits*, Paris, Nouveaux horizons, 1984, 336 p.
- DUBOIS, Louis, *Les grands textes du droit de l'Union européenne,* Paris, Dalloz, tome 1, 6e édition, 2002.
- GONIDEC, P. F., *Les Organisations internationales africaines*, Paris, L'Harmattan, 1997.
- IBRIGA, Luc Marius, Abou Saïd COULIBALY, Dramane SANOU, *Droit communautaire ouest-africain,* université de Ouagadougou, 2008.
- NGUYEN, Quoc Dinh, Patrick DAILLIER, Alain PELLET, *Droit international public*, Paris, LGDJ, 5e édition, 1994.
- SALL, Alioune, *La justice de l'intégration,* Dakar, CREDILA, 2011.

- SALL, Alioune, *Les mutations de l'intégration des États en Afrique de l'Ouest,* Paris, L'Harmattan, 2014.

-TALL, Saïdou N., *Droit des organisations internationales africaines : Théorie générale, droit communautaire comparé, droit de l'homme, paix et sécurité*, Paris, L'Harmattan, 2015.

-WADE, Abdoulaye, *Un destin pour l'Afrique*, Paris, éditions Michel Laffont, 2005.

- ZARTMAN, I. W., *La résolution des conflits en Afrique,* Paris, L'Harmattan, 1990.

II-Articles

AWWAD, Emad (1996, janvier), « ONU–OUA : un partenariat pour la paix », *Défense nationale*, p. 113-126.

AWWAD, Emad (1994, décembre), « Le mécanisme de gestion des conflits en Afrique », *Défense nationale,* p. 153-166.

BASDEVANT, J. (1958), « La place et le rôle de la justice internationale dans les relations entre États à l'égard des organisations internationales », *A-E.*, p. 331-351.

BASDEVANT, D. et autres (1974), « Les sanctions dans le cadre de l'ONU », *Nouveau guide des Exercices pratiques pour la licence en droit,* Montchrestien, p. 213-230.

BEDJAOUI, M. (1972), « Le règlement pacifique des différends africains », *AFDI*, p. 85-99.

BOUTROS-GHALI, Boutros, « L'avenir du maintien de la paix », *Armées d'aujourd'hui*, avril 1995, p. 64-67.

BOUTROS-GHALI, Boutros (1993), « La diplomatie préventive et le maintien de la paix : le cas des conflits ethniques », *Revue juridique, politique et économique du Maroc*, n° 27, p. 57-66.

BOUTROS-GHALI, Boutros, « Régionalisme et Nations unies », *REDI*, vol. 24, p. 5-18.

BOUTROS-GHALI, Boutros (1993, juillet-septembre), « Les Nations unies et l'Afrique », *Afrique 2000*, n° 14, p. 5-17.

GUÈYE, Babacar (2001, mars), « Crise de légitimité du pouvoir politique en Afrique subsaharienne francophone : quel remède ? », in *Revue juridique sur l'évolution de la nation et de l'État en Europe,* p. 77-102.

GUÈYE, B. (1996, octobre-novembre), « La marginalisation de l'OUA dans le règlement des conflits en Afrique », *Revue éditions juridiques africaines,* n° 27, p. 9-31.

GUÈYE, Babacar et TALL Saïdou Nourou (2012), « Traité du 17 octobre 1993 relatif à l'harmonisation du droit des affaires en Afrique, tel que révisé au Québec le 17 octobre 2008, commenté », 21-74, in *OHADA*, Traité et actes uniformes commentés et annotés, 4e édition, Juriscope, 1460.

III- <u>THÈSES ET MÉMOIRES</u>

- DIAKITÉ, Kémoko (2003), « L'OHADA parmi les organisations d'intégration dans les pays membres de la zone franc », mémoire de fin d'études à l'ENAM.
- DIAKITÉ, Kémoko (2009, 13 avril), « La problématique de l'intervention des Nations unies dans le règlement des conflits en Afrique », thèse de doctorat d'État en droit à l'UCAD.

IV- <u>TEXTES CONVENTIONNELS</u>

- Charte des Nations unies
- Acte constitutif de l'Union africaine
- Statut de la Cour pénale internationale

- Traité de la Communauté Économique des États de l'Afrique de l'Ouest (CEDEAO) de 1979 et révisé de 1993
- Traité de l'Union Économique des États de l'Afrique de l'Ouest (UEMOA)
- Traité de l'Organisation pour l'harmonisation en Afrique du Droit des Affaires (OHADA).

TABLE DES MATIÈRES

DEUXIÈME PARTIE

ACQUIS, FAIBLESSES ET DÉFIS PRIORITAIRES DE L'INTÉGRATION

Le Sénégal
aux éditions L'Harmattan

Dernières parutions

L'ESTHÉTIQUE SOCIALE DES PULAAR
Socioanalyse d'un groupe ethnolinguistique
Sy Harouna
L'esthétique sociale pulaar est une mise en ordre éthique de la vie sociale. Elle est l'inventaire systématique de ce qu'il y a de beau et de laid dans le social relativement à ses valeurs, à ses normes, à ses règles et à ses codes qui commandent des postures, des relations, des rapports et des qualités appropriés. L'analyse des contradictions de la société pulaar du Fuuta Tooro a révélé des logiques et des stratégies fondées sur des rapports de castes et sur les représentations sociales que ces rapports produisent.
(31.00 euros, 304 p.)
ISBN : 978-2-343-11189-6, ISBN EBOOK : 978-2-14-002810-6

LE BAYNUNK GUNAAMOLO, UNE LANGUE DU SUD DU SÉNÉGAL
Analyse phonologique, morphologique et syntaxique
Diop Sokhna Bao - Préface de Denis Creissels
Le Sénégal est un pays multilingue avec des langues majoritaires et des langues minoritaires, de par le nombre de leurs locuteurs, mais également de par la quantité de travaux dont chacune dispose. Les langues majoritaires ont fait l'objet de nombreuses recherches, à la différences des langues minoritaires. Ce constat est à l'origine du choix porté sur la description de la variante gunaamolo du baynunk (parlé au sud du Sénégal, plus précisément à Niamone, dans la région de Ziguinchor) qui est une langue en danger très peu décrite. L'utilité et l'intérêt de ce travail résident dans la sauvegarde et la connaissance de cette langue et sa communauté. Elle peut servir aussi de référence à des recherches futures.
(Coll. Études africaines, 38.50 euros, 392 p.)
ISBN : 978-2-343-09614-8, ISBN EBOOK : 978-2-14-002913-4

DE L'HÉRITAGE ARABO-ISLAMIQUE SAINT-LOUISIEN
Une illustration par les œuvres d'Abbas Sall et d'Abdoulaye Fall Magatte
Fall Cheikh Tidiane - Préface de Samba Dieng et Postface de Mouhamed Habib Kébé
Cet ouvrage porte sur la réhabilitation du legs culturel arabo-islamique ouest-africain en général et saint-louisien en particulier. Revaloriser un pan du patrimoine culturel par l'entremise de l'imagination poétique locale de deux intellectuels demeure l'objectif principal de cette étude. Une partie descriptive

constituée de la traduction d'une cinquantaine de poèmes suivie d'un volet analytique constitue la méthodologie de ce travail de recherche. La moisson tirée de ce travail préliminaire apporte quelques éclairages sur l'intérêt de la traduction de manuscrits arabes, notamment ceux produits par d'éminents ulémas du Sénégal, tels les deux poètes faisant l'objet de cette étude.
(Harmattan Sénégal, 35.00 euros, 340 p.)
ISBN : 978-2-343-11306-7, ISBN EBOOK : 978-2-14-003014-7

L'AGRICULTURE DU SÉNÉGAL SOUS LA COLONISATION
Diop Ismaïla
L'introduction de l'arachide au Sénégal au début du XXe siècle révolutionne le paysage agricole. La France décide alors de faire du Sénégal une colonie arachidière. Le Sénégal devient la troisième puissance arachidière du monde après les États-Unis et l'Inde. Cette monoculture extensive aboutit à un déficit vivrier chronique, une dégradation des sols, une dépendance vis-à-vis des importations de riz en provenance d'Asie. Pour y remédier, le rapport de la mission Roland Portères de 1952 recommande des mesures d'aménagement du territoire, de restauration des sols, de promotion de l'agriculture intégrée sérère.
(Harmattan Sénégal, 23.50 euros, 218 p.)
ISBN : 978-2-343-11129-2, ISBN EBOOK : 978-978-2-14-002836-6

CASAMANCE
À quand la paix ?
Bassène René Capain – Préface du père Nazaire Diatta
Malgré leur volonté et leur engagement affichés d'aller vers la fin du conflit armé en Casamance, la position des parties en guerre n'a jamais réellement évolué. L'État du Sénégal se dit prêt à négocier sur tous les points, sauf sur ceux relatifs à l'intégrité territoriale et l'unité nationale, alors que, de son côté, le MFDC soutient une position contraire en déclarant être disposé à ne négocier que sur la question se rapportant à l'indépendance totale de la Casamance. Cette situation montre que le conflit armé est encore loin de finir en Casamance.
(28.50 euros, 276 p.)
ISBN : 978-2-343-10426-3, ISBN EBOOK : 978-2-14-002593-8

PARCOURS D'UN JOURNALISTE AUTODIDACTE
Ndiaye Pape Ngagne
Préface de Mamoudou Ibra Kane
Pape Ngagne Ndiaye, par son style, est devenu un rendez-vous incontournable de l'espace audiovisuel sénégalais. L'émission «Faram Faccce» qu'il anime présentement sur TFM est très courue des hommes et femmes politiques pressés de se soumettre au feu roulant et nourri des questions du redoutable interviewer, unique dans son genre. Ce livre n'est pas seulement une autobiographie, mais aussi une réflexion thématique et une sélection rigoureuse de certains numéros de la célèbre émission qui se veut «un décryptage des questions majeures de l'actualité nationale».
(37.00 euros, 360 p.)
ISBN : 978-2-343-09916-3, ISBN EBOOK : 978-978-2-14-002822-9

DES FRANCENABE AUX MODOU-MODOU
L'émigration sénégalaise contemporaine
Fall Papa Demba - Préface du Professeur Abdoulaye Bara Diop
Principalement centré sur la France et ses anciennes colonies d'Afrique, le champ migratoire sénégalais s'est, de manière originale, progressivement étendu à des destinations naguère méconnues ou peu fréquentées (comme les États-Unis, l'Italie, l'Espagne, l'Afrique du Sud ou le Brésil). Peu à peu, les migrants sont devenus des acteurs incontournables du développement. La prise en compte de ces populations, et de leurs mouvements, devient donc nécessaire aux programmes et politiques de développement durable.
(Harmattan Sénégal, 40.00 euros, 559 p., Illustré en noir et blanc)
ISBN : 978-2-343-10796-7, ISBN EBOOK : 978-2-14-002539-6

«DOYEN» AMADY ALY DIENG, LE TRANSMETTEUR INTÉGRAL (1932-2015)
Économie biographique ou sémio-Histoire
Ngaïdé Abdarahmane
Amady Ali Dieng nous a quittés il y a un an. Pour lui rendre hommage et s'en rappeler les enseignements, l'auteur de cet ouvrage a décidé de compiler ses nombreux écrits ou interventions. Les quatorze textes qui composent cette anthologie sont représentatifs et significatifs de la personnalité, du style et des préoccupations d'Amady Ali Dieng. On y retrouve son style, son humour et son esprit critique.
(Harmattan Sénégal, 23.50 euros, 228 p., Illustré en noir et blanc)
ISBN : 978-2-343-10855-1, ISBN EBOOK : 978-2-14-002561-7

41 RULES TO BE HAPPY
Kane Babaly
Seeing that happiness is the goal towards which all men strive for, the author wrote this book to help the reader in treasuring the joyous of life and realizing his desires in entirety, to be fulfilled, to claw his way to the top and to assure him it will turn out well in the end. Moreover, this book intends to give the keys us to get the secret for reaching we want in this life. 41 rules to be happy is a little self help book which has 41 rules that are meant to allow every reader to live life in full potential.
(Harmattan Sénégal, 14.50 euros, 138 p.)
ISBN : 978-2-343-10904-6, ISBN EBOOK : 978-2-14-002583-9

SÉNÉGAL
Les limites du Plan Sénégal Émergent
Mansour Samb El Hadji
Cet ouvrage présente une analyse profonde des politiques publiques en décortiquant le Plan Sénégal Émergent (PSE) qui jusque-là n'a fait l'objet d'aucune analyse critique sérieuse. Le Sénégal est face à un défi, le défi de son émergence, un défi qu'il compte relever avec tous ses fils. Ce défi qui mobilise aujourd'hui tout le monde doit nous pousser à proposer de nouveaux chemins et à animer un débat nécessaire et incontournable dans tout processus d'émergence.
(Harmattan Sénégal, 27.00 euros, 276 p.)
ISBN : 978-2-343-09721-3, ISBN EBOOK : 978-2-14-002372-9

SÉNÉGAL
Dynamiques paysannes et souveraineté alimentaire
Le procès de production, la tenue foncère et la naissance d'un mouvement paysan
Diop Amadou Makhouredia
Préface d'Yves Guillermou ; Postface de Fodé Niang
Le présent ouvrage contribue à la compréhension des stratégies développées par la petite paysannerie et les dynamiques qui animent les exploitations agricoles familiales permettant la production de biens nécessaires à l'alimentation et l'entretien des familles. La capacité des paysans à prendre en main leurs propres préoccupations a été mise en évidence par l'émergence d'organisations, de groupements, d'associations et d'unions dans tout l'espace rural sénégalais.
(Harmattan Sénégal, 26.00 euros, 256 p.)
ISBN : 978-2-343-10852-0, ISBN EBOOK : 978-2-14-002457-3

HISTOIRE ET SOCIOLOGIE DES RELIGIONS AU SÉNÉGAL
Tamba Moustapha
Le Sénégal reste une exception dans le domaine religieux : 90 % de musulmans, 5 % de chrétiens et 5 % d'adeptes de l'animisme. C'est aussi le pays où les musulmans et les catholiques partagent le même cimetière, où les conjoints partagent des religions différentes, où les écoles privées catholiques comptent 60 à 70 % d'élèves de confession musulmane, etc. Ce phénomène n'est pas dû au hasard. L'histoire et la sociologie des religions permettent de l'expliquer amplement. Cet ouvrage souligne cette exception sénégalaise pour montrer qu'au moment où notre monde est en proie au fanatisme, à l'intolérance et au terrorisme religieux, le Sénégal propose un autre « modèle ».
(Coll. Études africaines, série Economie, 41.00 euros, 426 p.)
ISBN : 978-2-343-10424-9, ISBN EBOOK : 978-2-14-002506-8

FIGURES DU POLITIQUE ET DE L'INTELLECTUEL AU SÉNÉGAL
L.S. Senghor - M. Dia - A. Ly - CH. A. Diop A. Diouf & F. Mitterrand - J.R. De Benoist - A. Seck - TH. Fall - A. M. Samb - A.M. Samb JR - TH. Monod - H. Bocoum - G. R. Thilmans
Samb Djibril
Cet ouvrage réunit des personnalités politiques et/ou intellectuelles très diverses : Léopold Sédar Senghor, l'Immortel Noir ; Mamadou Dia, le brillant économiste ; François Mitterrand et Abdou Diouf, deux experts politiques, ou encore Théodore Monod, le savant probe. Ces figures sont autant de coryphées auxquels l'auteur a voulu rendre hommage, afin de rappeler que la terre africaine du Sénégal ne manque pas de princes de l'esprit ni de nourriture intellectuelle.
(26.00 euros, 266 p.)
ISBN : 978-2-343-10731-8, ISBN EBOOK : 978-2-14-002513-6

L'HARMATTAN ITALIA
Via Degli Artisti 15; 10124 Torino
harmattan.italia@gmail.com

L'HARMATTAN HONGRIE
Könyvesbolt ; Kossuth L. u. 14-16
1053 Budapest

L'HARMATTAN KINSHASA
185, avenue Nyangwe
Commune de Lingwala
Kinshasa, R.D. Congo
(00243) 998697603 ou (00243) 999229662

L'HARMATTAN CONGO
67, av. E. P. Lumumba
Bât. – Congo Pharmacie (Bib. Nat.)
BP2874 Brazzaville
harmattan.congo@yahoo.fr

L'HARMATTAN GUINÉE
Almamya Rue KA 028, en face
du restaurant Le Cèdre
OKB agency BP 3470 Conakry
(00224) 657 20 85 08 / 664 28 91 96
harmattanguinee@yahoo.fr

L'HARMATTAN MALI
Rue 73, Porte 536, Niamakoro,
Cité Unicef, Bamako
Tél. 00 (223) 20205724 / +(223) 76378082
poudiougopaul@yahoo.fr
pp.harmattan@gmail.com

L'HARMATTAN CAMEROUN
BP 11486
Face à la SNI, immeuble Don Bosco
Yaoundé
(00237) 99 76 61 66
harmattancam@yahoo.fr

L'HARMATTAN CÔTE D'IVOIRE
Résidence Karl / cité des arts
Abidjan-Cocody 03 BP 1588 Abidjan 03
(00225) 05 77 87 31
etien_nda@yahoo.fr

L'HARMATTAN BURKINA
Penou Achille Some
Ouagadougou
(+226) 70 26 88 27

L'HARMATTAN SÉNÉGAL
10 VDN en face Mermoz, après le pont de Fann
BP 45034 Dakar Fann
33 825 98 58 / 33 860 9858
senharmattan@gmail.com / senlibraire@gmail.com
www.harmattansenegal.com

L'HARMATTAN BÉNIN
ISOR-BENIN
01 BP 359 COTONOU-RP
Quartier Gbèdjromèdé,
Rue Agbélenco, Lot 1247 I
Tél : 00 229 21 32 53 79
christian_dablaka123@yahoo.fr

www.ingramcontent.com/pod-product-compliance
Lightning Source LLC
LaVergne TN
LVHW010944061026
849535LV00007B/2562
* 9 7 8 2 3 4 3 1 0 0 2 4 1 *